ニューエイジング

―― 日米の挑戦と課題 ――

安立清史・小川全夫 編

九州大学出版会

はじめに

　国際交流基金日米センターから，高齢化に関する日米国際シンポジウムの企画と開催を打診されたのは，2000年秋のことであった。UCLA（カリフォルニア大学ロサンゼルス校）のジェームズ・ラベン教授たちとも相談しながら，たんなる高齢化ではなく，新しいテーマとして，ベビーブーマー世代の高齢化（ニューエイジング）に関する研究の最前線と，日米の取り組みを紹介しあうという企画に発展していった。こうして，共通のテーマとしての「ニューエイジングの挑戦と課題」が像を結んできた。当初は，東京のみの国際シンポジウム，しかも，専門家だけを招いてのワークショップのようなものだけが想定されていたが，やがて，企画は膨らみ，東京と福岡で，ともに一般市民むけの大きなシンポジウムを開催し，あわせて，日米の研究者による専門的なワークショップを持つことになった。

　本書は，2001年3月18日から21日にかけてのワークショップやシンポジウムにおける討論や展開をふまえて，日本側参加者によってまとめられたものである。アメリカ側参加者は，内容の充実した学術的な報告論文を提出して参加されたが，それらは別途，アメリカで学術書として出版の予定である。

　このような経緯から，国際シンポジウムが実現したのだが，当初の企画の何倍もの規模に拡大発展していったため，国際シンポジウムの準備や実現の過程では，様々な方々に，ご苦労をおかけすることになった。

　とりわけ，東京と福岡の両シンポジウムを主催した国際交流基金日米センター，また，福岡市でのシンポジウムを共催した福岡市保健福祉局高齢者部には，たいへんお世話になった。さらに，日本NPOセンター，NPOサポートセンター，NPO事業サポートセンター，市民互助団体全国協議

会，東京ボランティア・市民活動センター，福岡アメリカンセンター，福岡国際交流協会，福岡市社会福祉協議会，九州大学大学院人間環境学研究院からは，後援していただいた。本書の企画と出版にあたっては，九州大学大学院人間環境学研究院および研究院院長の竹下輝和先生からの温かい励ましがあった。これらの方々のご協力に深く感謝している。

　日本とアメリカは制度的にも違う点が多いので単純な比較は出来ない，というのは本当である。また福祉政策研究者の間には，公的な医療保険すらないアメリカの医療・福祉制度や政策に学ぶべきものはないかのように論議する風潮もある。しかし，制度の比較ではなく，仕組みを支える根本の精神や，その実験的な試みからは，多くのことが学べるはずだと思う。これをきっかけとして，日米ともに直面する21世紀のニューエイジングへの対応と研究が進むことを期待する。21世紀は全世界が高齢化する世紀と言われる。欧米も日本もベビーブーマー世代の高齢化に備えなければならない。本書が，そうした模索の一助になれば幸いである。

　2001年3月

編　者

目　次

はじめに …………………………………………………………… i

第1章　ニューエイジングとは何か ……………………安立清史　1
　　アメリカにおけるニューエイジングの研究動向　3
　　ニューエイジングの時代　3
　　「ニューエイジング」の3つの社会変動要因　5
　　ニューエイジングへの転換　8
　　「ニューエイジング」の日本への示唆　12
　　「ニューエイジング」の課題　15

第2章　ニューエイジングの日米事情 ………………小川全夫　17
　　高齢化する世界の中の日米　19
　　日米のベビーブーム事情　25
　　ベビーブーマー高齢化のインパクト　38
　　　──社会的プログラム評価研究の必要性──

第3章　ニューエイジングへの挑戦
　1．東京シンポジウム ………………………………前田大作　43
　　　──ニューパラダイム・社会実験・NPO──
　　日米の人口高齢化の大きな差　43
　　アメリカでの新しいエイジング・パラダイムについて　44
　　アメリカのニューパラダイムと日本の高齢化　45
　　NPOを巡って　47
　　日本のNPO──その可能性は？　48

　　　　サービス供給システムの変革をめぐって　49
　2．福岡シンポジウム──家族支援と政策評価基準──……小川全夫　52
　　　　家族介護者支援プログラム　52
　　　　老人虐待防止と権利擁護　53
　　　　医療改革の公平性評価　56
　　　　家族支援と政策評価をめぐる課題　57

第4章　ニューエイジングの課題　………………………前田大作　63
　　　　近未来の人口高齢化──日米両国に焦点をあてて──　65
　　　　行政の責任と限界──NPOに期待される役割──　67
　　　　超高齢社会の到来に備えて日本の高齢者虐待対策は
　　　　いかにあるべきか　72
　　　　アメリカの新しい在宅高齢者サービス・プログラムの実験と
　　　　日本への示唆　74
　　　　家族介護支援の視点　76
　　　　サービスの公平性評価の問題　79
　　　　高齢化対策における国際貢献　80

第5章　ニューエイジングの展望
　1．高齢者政策から見たニューエイジングの可能性…伊奈川秀和　85
　　　　介護保険の必要性と意義　85
　　　　介護保険を契機とするサービス提供主体の多様化　87
　　　　ニューエイジング時代の高齢者政策　89
　2．福岡市の挑戦　…………………………………………荒瀬泰子　91
　　　　福岡市の高齢化への取り組み　91
　　　　医療との連携　92
　　　　保健・医療・福祉の窓口一本化　92
　　　　高齢者の権利擁護　93

3．権利擁護の仕組みづくりと日本の課題 …………河野正輝 96
    日本における高齢者虐待の実態　96
    権利擁護に関する法制の動向　97
    権利擁護の仕組みづくりと当面の課題　98
  4．ベビーブーマーの政治力 ……………………………皆川靭一 102
    断崖の世代　102
    欧米の老人パワー　103
    団塊の世代の新しい取り組み　105
  5．「参決」モデルの可能性 …………………………トニー・ラズロ 108
    ――行政と住民の新しいパートナーシップ――
    地域福祉をはじめ，自治体の計画づくりに見られる
      形式的な住民参加　108
    形式的な住民参加の高齢者福祉へのインパクト　109
    ニューエイジング時代にふさわしい住民参加へ　110

資　　料 ……………………………………………………………115
  1．東京シンポジウムのプログラム　115
  2．福岡シンポジウムのプログラム　116

おわりに ……………………………………………………………117

第 1 章

ニューエイジングとは何か

安立清史

安立清史（あだちきよし）

九州大学大学院人間環境学研究院助教授
専門：福祉社会学・ボランティア・NPO 論

東京大学大学院社会学研究科博士課程修了。日本社会事業大学助教授，カリフォルニア大学ロサンゼルス校客員研究員を経て現職。「NPO ふくおか」副理事長。著書に『高齢者 NPO が社会を変える』（共著・岩波書店），『市民福祉の社会学―高齢化・福祉改革・NPO』（ハーベスト社）など。

アメリカにおけるニューエイジングの研究動向

　戦後生まれのベビーブーマー世代が高齢者になっていく21世紀には，まったく新しい次元の高齢社会が始まり，社会に与えるインパクトが巨大なものになることは，以前から指摘され，多くの研究が現れている。「ニューエイジング」研究とは，ベビーブーマー世代の高齢化が社会に与える影響を総合的に把握しようとするものである。すでに，1982年の国連高齢者問題会議（ウィーン）で，21世紀には，先進国のみならず，全世界的な高齢化が社会構造の大転換をもたらすことが指摘されていた。またアメリカでは，戦後生まれのベビーブーマー世代の高齢化に関する予測や社会調査は数多くなされてきた。その多くは，社会保障改革やメディケア改革などの必然を予測するものであったが，高齢者団体（たとえばAARPなど）は，こうした高齢化に関する悲観的・否定的な予測に対抗して独自の調査研究も行っている（第2章参照）。こうした中から，たとえばロバート・バトラーやベティ・フリーダンらの『プロダクティブ・エイジング』（1985）や，ケン・ディヒトバルト『エイジ・ウェーブ』（1988）なども現れ，来たるべき高齢社会では，高齢者が社会的に生産的な存在に転換することや，ベビーブーマー世代の高齢化で社会構造が大転換，とりわけ巨大なシルバー・マーケットが出現することが予言されていた。アメリカの高齢化社会論や老年社会学は，構造的な大変動がやってくることを多面的に論じているが，こうした流れのなかにトーレス-ギルの『ニューエイジング』（1992）も位置づけられる。以下，ギルの議論を概観しながら，日本の高齢化論との比較を試みてみよう。

ニューエイジングの時代

　アメリカの社会福祉学者フェルナンド・トーレス-ギル（Fernando M.

Torres-Gil)は，カリフォルニア大学ロサンゼルス校教授であり，クリントン政権のもとで，ホワイトハウスの高齢者福祉局の局長をつとめた。彼は1992年に『ニューエイジング』と題した著書を出版している。それによれば，1990年からアメリカは「ニューエイジング」という高齢化の新段階に入ったという。それは1930年以前のヤングエイジングの時代，1930～90年までのモダンエイジングの時代と対比すると，「高齢」の定義それ自体が変化することから始まり，高齢化の構造的な質と量，そして新高齢化のかかえる課題の大きさと困難さが革命的に異なる，と論じ，大きな枠組みでこの新高齢化の時代をスケッチしている。トーレス-ギルの「ニューエイジング」概念は，単なる「高齢化」や「高齢社会」ではなく「高齢化の新段階」を意味する。それは，ベビーブーマー世代が高齢者となる新時代であり，年齢の意味が変容し，高齢者のニーズが変容し，高齢者の社会の中での存在力が変容する時代なのだ。

　アメリカの高齢化の歴史を概観すると，ヤングエイジングとモダンエイジング，そしてニューエイジングに分類できるという。ヤングエイジングの時代は1930年以前であり，高齢化はまだ問題にもならず，高齢者に対する政策や施策もほとんど何もなかった。それに対してモダンエイジングの時代は，1930年から1990年に至る時代であり，一般的にいって高齢者は，貧しい人びとや集団としてステレオタイプ化されてとらえられていた。このことがメディケアやアメリカ高齢者法の制定につながった。ところが1980年代から，こうした高齢者グループが，大きな政治的圧力集団を形成しはじめ，自分たちの政治的・経済的利害を声高に主張しはじめ，しだいに若い世代からは，豊かなのに利己的で要求の多い社会集団というイメージへと転換しつつあった。モダンエイジングの時代は，アメリカ社会全体が，戦後の空前の豊かさ，その後のベトナム戦争や反戦運動，公民権運動やブラックパワー・ムーブメント，学生運動や対抗文化運動などのユースカルチャーの台頭と伝統的価値の揺らぎ，そして女性運動やフェミニズム運動などによる伝統的性別役割分業の根本的な変化など，劇的な社会変化

がつぎつぎと現れた時代であった。しかし高齢化や高齢者の問題は徐々に現れてきてはいたが、まだ社会の全面に現れて注目されていたとはいえなかった。高齢化は、無数の社会問題、社会変動要因のひとつにすぎなかったのである。

「ニューエイジング」の3つの社会変動要因

「ニューエイジング」のモダンエイジングとの最大の違いは、ベビーブーマー世代が高齢化し、高齢化が社会変動の中心的な要素となることにある。それに伴い以下の3つの諸力がニューエイジングを特徴づける社会変動要因として大きく作用し始める。その3つの諸力とは、「世代間対立・世代的な要求」、「多様性」、そして「長期性」だという。

世代間対立

第1の世代間対立は、ベビーブーマー世代が高齢化することより、かつてのゆるやかな高齢化段階で高齢者が享受していた権利や便益が制度的に破綻をきたすことが予測され、その結果、若い世代に高齢者への不満や社会保障システムへの不信が増大することによって引き起こされる、とされる。高齢者世代をのちの若い世代が支えるという世代間協力やサポートの仕組みが崩れ、世代間の利害対立は、大きな対立や紛争の火種となり、政治的な不安定要因となる。すでに1990年代に入ってから、退職高齢者の形成する世界最大のNPO（民間非営利組織）であるAARPが、その巨大な数と力を駆使して、高齢者施策に関するロビー活動を行い、大統領選挙や議会の政治過程に介入し政治活動を行っているとして議会で公聴会が開かれたり、高齢者擁護団体のイメージが、かつての「貧しく擁護を必要とする高齢者」像と異なり「自己利益の追求」の側面が強調され、かつてのエイジズム（老年差別）とは異なった新しいエイジズムが発生していることなどが論じられている。ニューエイジングでは、高齢者が多数派となること

で，存在それ自体が政治化するのだ。

　アメリカと対比すると，日本の高齢者もアメリカと同様，量的には巨大化しつつあるが，政治的にはその利害を直接代表する政治団体や当事者団体を明確にはもってはいない。アメリカのAARPが果たしているような，高齢者の利害を守るために，高齢者政策に関わる政治的な動向を常時監視し，政府や議会に政治的に働きかけるという機能を果たす高齢者の当事者団体はない。政治力をもった高齢者の当事者団体が日本に存在しないのは，アメリカやヨーロッパと比較した場合のもっとも大きな違いであろう。また，世代間対立が顕在化する気配もみられない。日本の高齢者は，アメリカとは異なり，まだ政治的な力を蓄えておらず，自分たちのニーズを表出して社会にそれを求めるに至っていないと言えよう。

多様性

　第2は，高齢化にともなって「多様性」がますます高まることである。多様性は，移民社会としてのアメリカにはもともと深く内蔵されていたものだ。それがあらためてニューエイジングで社会変動要因として論じられるわけは，単なる人種的多様性ではなく，民俗的・文化的多様性，家族構造やライフスタイル，ライフサイクルの多様化，収入・経済的な多様化，高齢者の地理的分布や分散の多様化など，ありとあらゆる次元の多様化がニューエイジングとともに噴出するからである。つまり，高齢化は，大衆社会の次の段階を指し示すことになる。20世紀社会を的確に描写したのが大衆社会論であった。それは巨大な塊となった大衆が社会を変動させるというものであったが，ニューエイジングの時代にあっては，高齢者は均質な塊としての存在ではなく，およそ考えられるかぎりの多様性をそなえた存在となる。高齢化は大衆社会論の射程を超えて，多様性が社会をどう変動させるか，という新しい問題提起を行うことになる。多様性が大きく進むニューエイジングの時代の高齢者の生活の質（QOL）をどう向上させるケアやサービスが可能か，という方向にアメリカの研究も向かっている。

日本でも，地域特性に応じた福祉サービスや地域福祉は求められているし，国の施策方向としても，1993年に，全国3,300余の地方自治体に，地方老人保健福祉計画の策定を義務づけ，地域ごとの高齢化の実態やニーズの把握，それにもとづいた地方老人保健福祉計画の立案を，地方自治体の責任において行うという方向性を示している。しかし実際には，高齢者のニーズ把握方法や将来推計方法が，国の基準に一元化される傾向をうみ，かえって自治体による地域ごとの特徴を発揮しにくくなったとの指摘もある。また，日本の場合には，アメリカのように，文化やエスニシティについてはもちろんのこと，高齢者一人ひとりの多様性に注目した研究や施策にまでは至っていない。

長期性

　ニューエイジングの第3の要因「長期性」は，高齢者一人ひとりの社会保障・医療・福祉・介護の必要性の長期化を意味する。これは直接に，社会全体の，社会保障・医療・福祉コストの増大に関わってくる。高齢者が層を成して高齢化しているだけでなく，それぞれの高齢者の平均寿命がより長命化し後期高齢者が量的にも比率的にも高まり，その結果として，多様な病や長期的な介護の必要性やコストも拡大することにともなうインパクトは大きなものである。アメリカでは，よく知られているように，公的な医療保険が存在しない。高齢者への医療保険は，メディケアやメディケイドとして限定的に存在するが，内容的には不十分であるとされている。高齢者がより長寿化するなかで，慢性疾患，長期療養など，高齢者の医療費問題は大きな社会問題となってきており，アメリカのジェロントロジーの大きな研究テーマが「ロングタームケア」であることはよく知られている。アメリカでは，各州により制度が多様で全国的に統一化された政策基準や対応がとりにくい。このような政策的な多元性が，逆に，社会全体の高齢化というような社会変動要因に対して，長期的な視野から対応することを難しくしているとも言える。それゆえニューエイジングが引き起こす

「長期性」の課題をアメリカ社会の大きな課題として取り上げて，対応すべきことを説いている。

　日本では，逆に，国主導でこうした長期的な社会変動に対する対応と施策が実施されてきた。1989年のゴールド・プランの策定，1993年の地方老人保健福祉計画の策定と1994年の新ゴールド・プラン，2000年からの公的介護保険の導入，などはそれにあたる。高齢者保健福祉10ヶ年戦略は，社会福祉施設の整備を戦略的にとらえ，1年ごとの整備目標を示しながら長期的な視野にたって高齢化対応を進める高齢化社会対策であったし，公的介護保険も策定過程や内容に関しては，さまざまな論議を呼びながら，施策の方向性に関してはアメリカの研究者からも注目されている。アメリカでは，実現困難な長期的政策が，日本では実験されていることになる。しかしミシガン大学のジョン・キャンベル教授も指摘するとおり，財政・社会政策としての成功とは別に，日本人の医療・福祉への満足度はけっして高いとは言えないし，市民の生活実態やニーズに準拠しながら政策が構築されていくという回路が明確ではない。ニューエイジングの時代には，市民のニーズの変化・変動に準拠した迅速な対応がより強く求められる。すでに対比的に見てきたとおり，日本の高齢者が，アメリカの高齢者とは異なり，自分たちのニーズや利害を政治的・社会的に表現し，求める政治的な諸力を持つに至っていないこと，層としての高齢者の存在は注目されているものの，一人ひとりの多様なニーズへの対応にまでは，まだ至っていないこと，高齢者自身が，家族関係や社会関係のなかで，まだ依存的で，社会サービスの利用者としての主体性を十分に発揮していないこと，などがあげられよう。

ニューエイジングへの転換

　アメリカでは，どのように「ニューエイジング」への対応や転換がはか

られてきているのであろうか。研究上の概念としての「ニューエイジング」ではなく，それが実際に新しい変化を生み出したり，それが引き起こす社会変動への対応や適応がはかられていく過程では，NPOが果たした役割も大きい。そして，いくつかの段階を経て「ニューエイジング」への対応が準備されてきたと考えられる。

現在，もっとも意欲的にベビーブーマー世代のマーケティングを行っている団体のひとつがAARPであろう。AARPは，NPOとしての存続をかけて，「ニューエイジング」の時代への適応に取り組んでいると言える。以下，このAARPを事例としながら，アメリカではどのように「ニューエイジング」への転換が進んでいるのかを考察してみよう。

高齢者：客体から主体へ

1960年代に至るまでアメリカの高齢者政策には見るべきものはほとんどなかったと言ってよい。それが急激に変わるのは，様々な高齢者団体の出現，なかでも世界最大のNPOとなってゆくAARP（American Association of Retired Persons. 当初は，NRTA全米退職教員組合として始まり，1958年から「全米退職者協会」となる。現在は略称であったAARPを正式名称にしている。）の出現であったろう。AARPは，エイジズム（老年差別）がはびこり，公的な医療保険等も整備されていない当時の状況に対し，高齢者を組織化してエイジズムへ反対する社会運動の展開，なかでも象徴的なエイジズムとして「定年退職制度」の撤廃運動を起こした。そして社会運動のみならず，会員へのグループ医療保険の提供を事業化し，爆発的な成功をおさめた（このAARPの歴史と展開に関しては，田中尚輝・安立清史，『高齢者NPOが社会を変える』，岩波書店，2000，を参照）。

AARPやグレイ・パンサーをはじめとする高齢者NPOの出現と発展は，高齢者を，社会に依存する客体的な存在から，社会に対して自分たちのニーズや意見を主張する主体的な存在へと転換させた。それはモダンエイジングの時代にあって，数としても増大しつつあった高齢者の政治的な

存在感の拡大でもあった。

ジェロントロジーの発展と利用者本位のサービスへの転換

アメリカではジェロントロジー（Gerontology 老年学）の発展がニューエイジングへの転換を準備してきたと言える。AARP はジェロントロジーの研究へも積極的に関わった。また医療・保健の世界でも，メディケア・メディケイド法の成立は，高齢者の医療マーケットを爆発的に拡大した。医療費の支払いが公的に担保され，医療へのアクセスが大幅に改善されたため，医療サービス利用が加速度的に拡大したためである。高齢者が重要なマーケットとなったこともあってジェロントロジーは大きく発展した。アメリカの医療・福祉サービスが基本的には，市場ベースで提供されるということともあいまって，医療・福祉サービスの「利用者志向」は大きく発展した。アメリカのジェロントロジーの特徴は，高齢化という社会変動要因に，老年医学や看護学等だけでなく，心理学や社会福祉学，社会学などの社会科学も総合的に加わりながら，高齢者へのケアを学際的・総合的に研究するという，高齢社会化という社会変動要因への総合的な政策的対応という研究の指向性も含まれていることである。背景には，高齢者の医療ニーズの増大，医療では充足されない社会サービス・ニーズの増大，医療・福祉からの対応，というメカニズムが働いて，医学や社会科学諸領域が，この間，劇的に「利用者志向」customer oriented あるいは client oriented を強めたという事情がある。その結果として，利用者やクライアントのニーズを，多面的・科学的に把握する方法論が飛躍的に発達したのである。ジェロントロジーの発展も，このアメリカのソーシャルサービスの領域における利用者志向の強まりと無関係ではない。市場ベースの利用者志向を，利用者本位のサービスへとさらに転換していくにあたって大きな役割を果たしたのも AARP をはじめとする高齢者 NPO であった。利用者のエンパワメント（empowerment 権利擁護）や，高齢者自身が医療・福祉サービスの客体から，それを使う利用主体へと徐々に変化する手助けとなったので

ある。

社会実験

　アメリカ社会は，新しい変化やそれに起因するニーズの発見と対応に関して，社会実験をしながら対応しようとする，たいへん挑戦的な姿勢をもっている。「ニューエイジング」に関しても，迅速に対応しようとしているし，対応にあたっては，既存の制度や方法や組織に限定せず，問題に応じて新しい対応方法や組織や仕組みを積極的に試そうとしている。AARPに代表されるNPOなどはその一例である。新しい手法や技法を前例にとらわれず積極的に挑戦しながら「試す」という姿勢が，アメリカ社会にある。アメリカ社会は，多問題発生社会であると同時に，迅速に問題を解決しようとする社会でもある。

　ただし，1980年代には，レーガン政権による「1981年予算調和一括法」により，特定補助金（categorical grants）の一括補助金（block grants）への転換が進められた。政策実現手段としての連邦補助金という性格づけを色濃くさせ，連邦補助金の断片化や特定事業補助金の増加に歯止めをかけ，連邦政府の補助金管理能力を復活させ，エンタイトルメント・プログラム（entitlement program）を統制しようとしたとされる。これはレスター・M.サラモンによれば「NPOの冬の時代」の到来であった。1990年代に入っても議会主導の財政再建政策は続いている。こうした時代にあって，むしろ社会実験を行いながら，サービスの効果と効率を高め，しかも利用者がよりサービスをコントロールできる政策やプログラムの開発が進められていることが，今回の国際シンポジウムでも報告され，日本側参加者の関心を大きく引きつけた。また，実験的なプログラムを，一定期間をおいて「評価」する姿勢も重要である。評価は，通常は，プログラムや組織に対して中立的な第三者機関が行う。たとえば大学や研究所がそれである。大学における研究プログラムの一環としても「評価研究 evaluation study」は確立している。

このような流れを経て，アメリカでは，「ニューエイジング」が単に概念上のものでなく，社会の中へ具体化された対応となって，社会の転換が行われてきたと言える。日本よりもはるかに規模が巨大で，多様性がより大きいアメリカのベビーブーマー世代への対応に，アメリカでは政府や民間が総力をあげて取り組み始めているのだ。

「ニューエイジング」の日本への示唆

アメリカと日本とでは，戦後生まれのベビーブーマー世代の現れ方に大きな違いがあり（第2章，第3章参照），社会保障や保健・医療・福祉制度全体が大きく違うので，アメリカのニューエイジング研究が単純に日本にも当てはまるものではないことはもちろんである。しかし，以下に論じるように，日本も団塊の世代の高齢化とともに，ニューエイジングの時代が押し寄せてくる。そして，多くの点でアメリカのニューエイジング研究に学ぶべきことが多いと思われる。次に，近年のアメリカのニューエイジングやジェロントロジーの研究動向や高齢化政策の動向や，今回の日米シンポジウムなどをふまえて，日本のニューエイジングへ示唆となるものはどこにあるのか，考えておこう。

客体から主体へ：ニューエイジングにおける高齢者の多様性と多数性

これまでの日本の高齢化に関しては，高齢者が家族や社会に「依存」するという日本社会の伝統的な高齢者観の延長線上に論議されてきた。しかし，日本のベビーブーマー世代も，家族関係やライフスタイル，価値観や規範や行動の点からは，伝統的な高齢者像とは異なった「ニューエイジング」的特徴を大きく備えている。アメリカのニューエイジングと類似の大変化が起こる可能性は大きいのである。とりわけ量的な多数性が，同時に多様性を含んで現れる時，高齢者を保健・医療・福祉政策やサービスの「客体」として，画一的な対応をしてきたこれまでの高齢者政策や施策の大転

換が求められるはずである。アメリカの高齢者も，1960年代前半までは，政策の「客体」，しかもごく小さな政策的対象にすぎなかった。AARPというNPOの誕生とその発展は，まさにこうした政策的な客体にすぎなかった高齢者を組織化し，巨大な当事者組織として政治的な力を発揮することによって，高齢者を「客体」から政策立案までを自分たちで行う「主体」へと転換していった。AARPとともにアメリカにおける定年制度撤廃の原動力となったグレイ・パンサー（Grey Panthers）などが，「ニューエイジング」への転換を生み出してきたのだ。アメリカにおいてはすでに定年制度がない。これは，多様な生き方，多様な働き方を生み出す制度的な基盤として，日本にもひとつの示唆を与える。

自己実現とエンパワメント

日本の社会福祉改革の基本路線も，より利用者本位の福祉サービスの提供へと向かっている。ただしそれは政策主導による「利用者本位」だとも言える。アメリカのニューエイジングの場合には，AARPに代表されるように高齢者の当事者団体が，自らのニーズや志向を自己定義することを通して「利用者本位」が次第に実現してきたのだ。アメリカの医療・福祉サービスが基本的には，市場ベースで提供されるということが，こうした違いを生み出す原因でもあることはもちろんである。

この利用者本位は，ニューエイジングにおいては，いったいどこまで行くだろうか。利用者本位は，利用者の望むサービスの提供であるだけではない。利用者の自立や自己実現，広くはエンパワメント（権利擁護）につながるものである。これは高齢者という集団や層が社会の「客体」から「主体」に転じるだけでなく，高齢者一人ひとりの生き方が「エンパワメント」されるということである。すでにアメリカの高齢者政策やジェロントロジーのキーワードが「customer oriented care」から「client directed services」へと転換しはじめていることもこのことを示唆している。すでに「利用者のほうを向いたサービス」から「利用者が，自分の望むことを

指示したり，自分の望む方向を求めることのできるサービス」への転換が始まっているのだ。こうした転換は，たんに高齢者が量的に増大しただけでは起こり得ない。高齢者の望む利用者本位のサービスへと転換させていく「enabler」や「facilitator」「moderator」が必要だ。こうした役割を果たしたのがアメリカではNPOであったと考えられる。日本の場合には，介護保険制度におけるケア・マネジメントの役割を，NPOが担った場合に，どのような変化が起こるのか，現在，様々な試みが行われている途上である。また日本でも，高齢者NPOが高い関心をよび，各地に様々な高齢者NPOが出現しつつある。

社会実験の必要性

　アメリカにおける「ニューエイジング」の日本への示唆の最大のものは，それが待ったなしの社会の大転換を必要とするという認識と，それに対する対応の進め方にあるだろう。

　アメリカの「ニューエイジング」の特徴は，高齢化という社会変動要因に，老年医学や看護学等だけでなく，心理学や社会福祉学，社会学などの社会科学も総合的に加わりながら，高齢社会への対応を学際的・総合的に研究するだけでなく，高齢社会化という社会変動要因への総合的な対応を，様々な新しい社会実験（social experiment）を通じて開拓していこうとするところにあると言える。第2章，第3章でも紹介されている連邦政府の実験的プログラムなどがそれにあたる。

　「ニューエイジング」の含意が，これまでの延長線上の政策的対応ではカバーしきれないほどの，多様で大量の社会ニーズが出現することにあるのだから，新しい開拓的な手法や施策が必要になることはもちろんのことである。「ニューエイジング」の時代にあっては，新しい実験的な手法を試しながら大規模な社会変動に対応していくという，これまでの日本社会にはなかった挑戦が，否応なく必要になるだろう。「ニューエイジング」の日本社会への最大の示唆と言ってよい。

「ニューエイジング」の課題

　ところで，アメリカ社会が「ニューエイジング」に対して順調に対応しているとばかりは言えない。最後に，アメリカでも現れている「ニューエイジング」の問題や課題についても触れておこう。
　アメリカでは，議会を中心としてAARPなどの高齢者団体が強すぎることについての懸念も根強い。高齢者団体が強すぎることは，世代間対立を煽ることになるだろうとの予測もある。ところが，AARPなどを取材すると，こうした高齢者団体も，「ニューエイジング」の大転換に向けて苦闘しながら変身中なのである。たとえば，AARPは1995年に「全米退職者協会」という名称を捨てた。定年制度撤廃に伴い「退職者」であることが高齢者の共通項ではなくなっているからだ。価値観やライフスタイルの多様化が，AARPというひとつの組織に所属することを難しくしている。高齢者団体のみならず，高齢者自身が，「ニューエイジング」への転換にともなって，現在，大きく揺らいでいるのだ。かつて「エイジズム」への対抗と高齢者政策の充実という共通目標で団結していた高齢者組織が，「ニューエイジング」のもたらす多様性の力によって，ふたたび分解しそうになっている。AARPは，かつてない危機感をもって，ベビーブーマー世代の高齢者の価値観やライフスタイルを調査し，彼らを会員に取り込むべく必死の戦略を展開している。ふりかえれば，こうした様々な努力が，アメリカの高齢者のエンパワメントに大きく貢献してきたのだ。アメリカの「ニューエイジング」における実験と試行は，日本のニューエイジングに大きな示唆を与えるものと言えよう。

参考文献

安立清史，1998，『市民福祉の社会学——高齢化・福祉改革・NPO——』，ハーベスト社

Boris, E.T. & Steuere, C.E., 1999, *Nonprofits and Government : Collaboration and Conflict,* The Urban Institute.

Bull, C.N. & Levine, N.D., 1993, *The Older Volunteer,* Greenwood Press.

Butler, R. & Gleason, H.P. (eds), 1985, *Productive Aging : Enhancing Vitality in Later Life,* Springer Publishing Company.（＝岡本祐三訳，1998，『プロダクティブ・エイジング——高齢者は未来を切り開く』，日本評論社）

Dychtwald, K. & Flower, J., 1989, *Age Wave,* Jeremy P. Tarcher Inc.（＝田名部他訳，1991，『エイジ・ウェーブ：21世紀の高齢社会』，創知社）

Fischer, L.R. & Schaffer, K.B., 1993 *Older Volunteers—A Guide to Research and Practice,* Sage Publications, Inc.

Gidron, B., Kramer, R.M. & Salamon, L.M., 1992 *Government And The Third Sector—Emerging Relationships in Welfare States,* Jossey-Bass Inc.

Salamon, L.M., 1993, *America's Nonprofit Secter,* The Foundation Center.（＝入山映訳，1994，『米国の「非営利セクター」入門』，ダイヤモンド社）

Salamon, L.M. & Anheier. H.K., 1996, *The emerging nonprofit sector—An overview,* Manchester University Press.

Salamon, L.M., 1997, *Holding the center—America's Nonprofit Secter at a Crossroads,* The Nathan Cummings Foundation.（＝山内直人訳，1999，『NPO最前線　岐路に立つアメリカ市民社会』，岩波書店）

Salamon, L.M. & Anheier, H.K., 1994, *The Emerging Sector,* The Johns Hopkins University Press.（＝今田忠訳，1996，『台頭する非営利セクター　12カ国の規模・構成・制度・資金源の現状と展望』，ダイヤモンド社）

田中尚輝・安立清史，2000，『高齢者NPOが社会を変える』，岩波書店

Torres-Gil, F. M., 1992, *The New Aging—Politics and Change in America,* Auburn House.

第 2 章

ニューエイジングの日米事情

小川 全夫

小川全夫(おがわたけお)

九州大学大学院人間環境学研究院教授
専門：地域社会学・高齢化社会論・都市と農村の交流論

九州大学大学院文学研究科修士課程修了。博士（文学）。「高齢者に対する保健福祉サービスの利用と満足」に関する日米，日韓評価研究を行なう。宮崎大学，山口大学を経て現職。山口県高齢者保健福祉推進会議会長，日本学術会議社会学研究連絡会議幹事，日本老年社会科学会理事を兼務。著書に『高齢者によるむらづくり』（農政調査委員会），『地域の高齢化と福祉──高齢者のコミュニティ状況』（恒星社厚生閣），『高齢社会の地域政策──山口県からの提言』（共著・ミネルヴァ書房）など。

高齢化する世界の中の日米

 1999年は国連が定めた国際高齢者年であった。この年を機にして，世界の各国は，単に先進国のみならず，発展途上国もみな21世紀が人口高齢化の時代に入るということを深く認識し，その対策をいろいろと考えなくてはならなくなっている。そんな中で日米の高齢化の実態とそれに対する政策的対応は，多くの国々にとっても関心の的である。

 日本社会の人口高齢化は3段階の覚知を経て今日にある。つまり1970年に総人口に占める65歳以上人口の割合が7％を超えたときから，人口の高齢化が始まっていたのだという覚知が，1980年代には一般化し，1995年にはついにその割合が倍の14％を超えたことで確認された段階である。この段階では「高齢者の数や割合が増加する社会になった」という認識が広まったといえる（図1参照）。

 だが，本来人口の高齢化は，高齢者の数の増大だけで規定される変化ではない。ようやくそのことが少子化として覚知されたのが，1989年の1.57

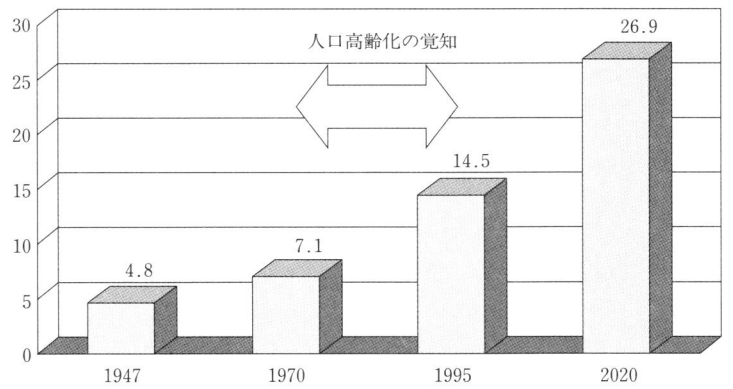

（出所）　国勢調査，国立社会保障・人口問題研究所「日本の将来推計人口（平成9年）」

図1　日本における高齢化第1段階

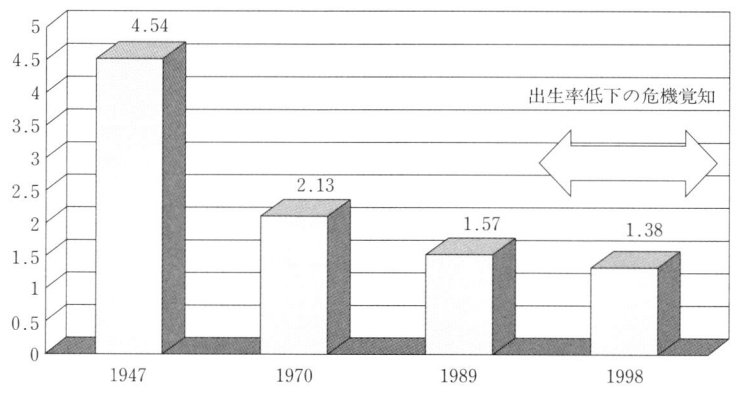

(出所) 国立社会保障・人口問題研究所「人口問題研究」

図2　日本の高齢化第2段階

ショックといわれるものである。人口再生産の目安となる合計特殊出生率の水準を割り込んだということで，高齢化は「人口の先細りになる少子化が進んでいる社会である」という危機意識が高まり，これ以降は，少子高齢化社会というように少子化と高齢化が合体した概念で語られることが多くなっている。これが第2段階の覚知である（図2参照）。しかし少子化は，決して1989年に始まったわけではなく，いわば戦後の一貫した傾向であり，老年人口の増加よりも早い速度で進んでいた。一般の人々が気づくのが遅かっただけなのである。

日本の人口高齢化は，1995年以後は第3段階の覚知を求められているといえる。それは，65歳以上の人口の方が14歳以下の人口よりも多くなる時代に入ったということと，これまで7割弱の水準を維持していた生産年齢人口（15歳から64歳の人口）の割合が減少に転じ，いずれ5割台に突入するという推測が立つようになったことの覚知である（図3，図4参照）。もちろん労働生産性の伸びを考えれば単純に生産年齢人口の割合の低下や絶対数の減少が，すぐ経済的低迷につながるとはいえないが，それでも，やはりこれまでのようにはいかない社会状態に入りつつあるということは，

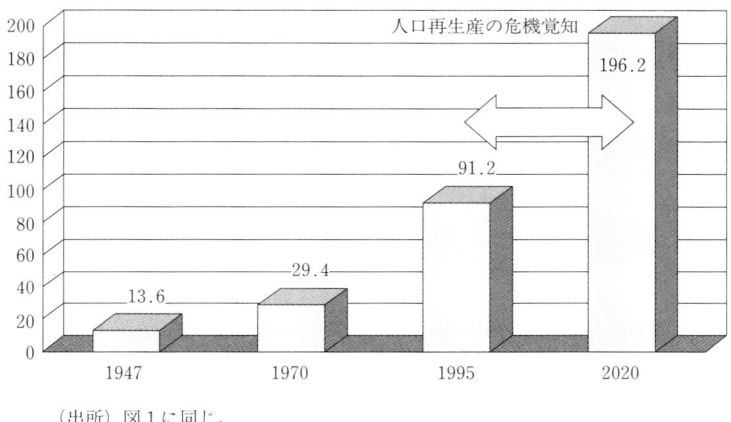

（出所）図 1 に同じ。

図 3　日本における高齢化第 3 段階：老年化指数

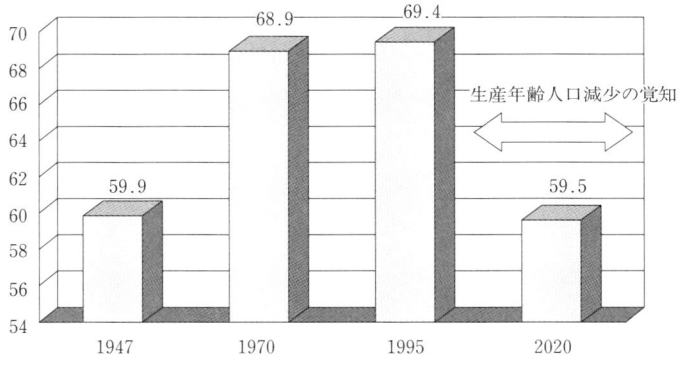

（出所）図 1 に同じ。

図 4　日本の人口高齢化第 3 段階：生産年齢人口割合

覚悟しなければならないのである。

　そしてこの第 3 段階において，大きな影響を与えるのが，ベビーブーマーとか団塊の世代といわれる人口の動向である。この人口はまだ 2000 年段階においては 50 歳台前半にいるが，2015 年には，65 歳以上の老年人口の仲間入りをする。そうなれば，老年人口割合が一時的に増加するだけで

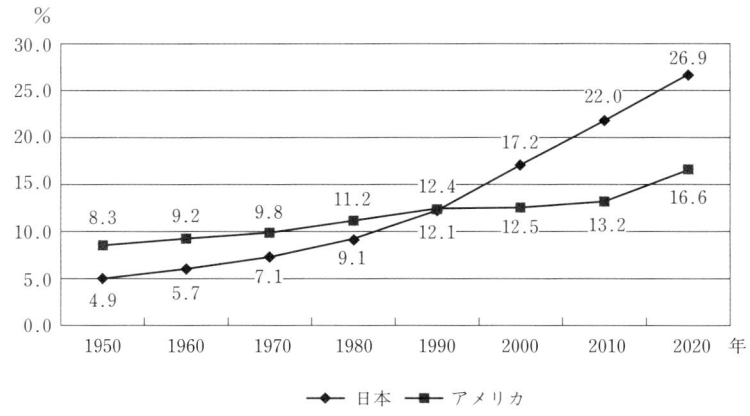

図 5 　日本の老年人口割合推移

なく，それを支える若い人口が減少し，総人口さえ減少する方向に向かうと予測されている。このような厳しい人口構造の変化は否が応にも社会制度や社会意識の変革を呼び起こさざるをえない。

　同じような問題を抱えているのが，アメリカ社会である。人口高齢化とベビーブーマーの動向については，連邦政府の政策論議に際して，必ず問題になる。まずはアメリカ社会の人口がどのような変動にあるのかを日本と比較しながらみてみよう。

　日本では人口高齢化の指標として，老年人口割合（65歳以上人口の総人口に占める割合）を用いることが多い。この指標でみた日米の高齢化の推移は，図5に見られるように，1990年から1995年の間で高齢化状況の逆転が生じていることが分かる。それ以前はアメリカの方が高齢化した社会だったが，現在では日本の方が高齢化しており，今後その差はますます開いていくだろうと予測されている。しかし両国ともに，高齢化の第1段階である老年人口割合の増加という覚知は共有しているといえるだろう。

　ただこの老年人口割合の増加の早さについては，日米の差があることを留意すべきである。日本の老年人口割合が7％から14％になるのに，実質

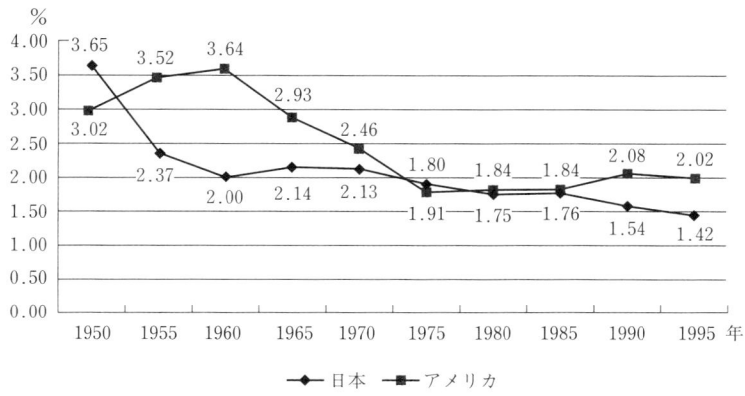

図 6　日米の合計特殊出生率推移

24年しかかからなかったのに対して、アメリカでは71年かかっており、スウェーデンやフランスほどではないにしても、日本よりははるかにゆっくりした速度で高齢化しているのである（表1参照）。そして21世紀は中国や韓国などの東アジアの諸国が急速に高齢化すると予測されており、その速度は日本の高齢化に近いために、近年こうした国々から日本に対する関心が高まっている（表2参照）。世界の中で、高齢化のトップ集団で走る国として日米は、このような追いかけてくる国々へ、高齢化対策についてのモデルを提示する使命を負っているといえよう。

人口高齢化が少子化と不可分の現象であると述べたが、日米の合計特殊出生率推移をみると、日本は1950年段階では、アメリカよりも高い出生率を示していたが、急速にその数値を下げており、しばらく低位で停滞していたが、1990年代に再び減少傾向を強めていることが分かる。これに対してアメリカは一旦1950年から1960年まで、合計特殊出生率を上げて、その後1975年段階には1.91まで下げるがその後は持ち直している（図6参照）。つまりアメリカでは、日本のような第2段階の少子化の覚知は、まだ共有されてはいない。

1950年と2000年と2050年の日米の人口構造について、いくつかの別の

表1　日米高齢化の速度：65歳以上人口の割合

	7％	14％	25％	7％から14％になる年数
日　　　本	1970年	1994年	2015年	24年
ア メ リ カ	1942年	2013年	—	71年
スウェーデン	1887年	1972年	2029年	85年
フ ラ ン ス	1864年	1979年	2039年	115年

（出所）　UN.The Sex and Age Distribution of World Population:1998.

表2　日米の今後の高齢化速度：65歳以上人口の割合（単位：％）

	1950年	2000年	2050年
日　　　本	4.9	17.2	32.3
ア メ リ カ	8.3	12.5	21.7
ド　イ　ツ	9.7	16.4	28.4
スウェーデン	10.3	17.4	26.7
韓　　　国	3.1	6.7	24.7
中　　　国	4.5	6.9	22.6

（出所）　表1に同じ。

表3　日米の高齢化指標推移

	老年人口指数			従属人口指数			老年化指数		
	1950年	2000年	2050年	1950年	2000年	2050年	1950年	2000年	2050年
日　　本	8.3	25.0	58.4	67.8	46.8	91.2	13.9	115.2	229.6
アメリカ	12.8	29.0	35.5	54.5	51.5	63.5	30.6	58.3	127.1

（出所）　表1に同じ。

表4　日米の人口推移

	1950年	2000年	2025年	2050年
日　　本	8,363万人	1億2,671万人	1億2,115万人	1億0,492万人
アメリカ	1億5,781万人	2億7,836万人	3億2,557万人	3億4,932万人

（出所）　UN. World Population Prospects:1998.

表5　日米のベビーブーマー規模と期間

	期　　間	年数	ピーク	出 生 数
日　　本	1947～49	3年	1949年	806万人
アメリカ	1946～64	19年	1957年	7,600万人

高齢化指標で見てみると，65歳以上人口の生産年齢人口に対する比率である老年人口指数は，2000年の段階ではまだアメリカの方が重たいが，今後は日本の方が重くなると推計されている。年少人口と老年人口を合算したものの生産年齢人口に対する比重（従属人口指数）でみると，1950年段階では日本の方が重かったが，2000年段階ではアメリカの方が重く，2050年になると，日本の方が再び重くなると予測されている。1950年段階の日本では，子供が多いために従属人口指数が重くなっており，2050年段階の日本は高齢者が多いために従属人口指数が重くなるということを示している。老年人口の年少人口に対する比重を示す老年化指数は，100を超すと高齢者の方が子供の数より多くなることを示すものであるが，1950年段階の日本はアメリカに比べるとはるかに子供の方が高齢者より数が多かったのに，2000年には日本は高齢者の方が子供の数より多い社会に転じており，今後はさらにその傾向が強まると予測されている。アメリカでも徐々に高齢者の方が子供よりも増えていくが，日本のような急激な変化は示さないのである（表3参照）。

　日米の人口推移を長期的にみると，日本は20世紀に急速な人口増加を示し，アメリカ人口の半分程度の規模を持っていたが，21世紀に入ると人口の増加傾向は停滞し，その第1四半期で既に人口が減少に転じ，第2四半期では，アメリカ人口の3分の1以下に縮小してしまうと予測されている（表4参照）。こうして日本では人口減少社会という危機意識が高まっているのに，アメリカ社会ではなお人口増加を危機的に捉える認識にあるといえよう。

日米のベビーブーム事情

(1) 日米ベビーブームの相違点

　さて，日米で，ベビーブーマーという場合には，どういう人口層を指し

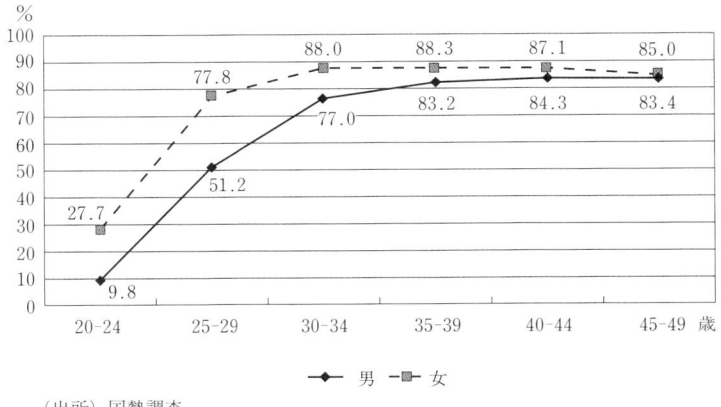

(出所) 国勢調査

図7　日本のベビーブーマーの成長と有配偶率

ているのであろうか。日本では，1947年から49年までの戦後3年間に日本で生まれた人口を指して言うことが多く，ピークは1949年であり，その後は急速に出生数が減っている。したがって，人口規模としてはこの3年間に生まれた806万人が出発点の人口層である。これに対して，アメリカの場合には1946年から1957年までの19年間にわたる長い期間に出生した人口をベビーブーマーと言う。ピークは1957年であり，規模は7,600万人である（表5参照）。日本のベビーブームは戦後突発的に生じており，堺屋太一氏の名づけた「団塊の世代」という表現がぴったり当てはまるのに対して，アメリカではベビーブームが長期的かつ大規模に生じたという差は，両国の政策に対するインパクトとしても大きい。

　日本ではベビーブーマー対策は一時的にならざるを得ず，その後すぐにポストベビーブーマー対策さらには，第2ベビーブーマー対策にというように短期間で急速に政策を転じなければならないという宿命を背負っているのに対して，アメリカはベビーブーマー対策が比較的長期対策として展開しえるのである。たとえば，ベビーブーマーが結婚して子どもを生む時代には，保育園や幼稚園が小・中学校・高校の教員が足りなくなるので，

教員養成学部の定員増を図り，教員確保法案を制定して，教員を養成したが，その第2次ベビーブーマーが学校を卒業した後は，慢性的な児童数，生徒数，学生数の減少が持続し，教員養成学部は組織替えして姿を消し，幼保一元化（幼稚園経営と保育園経営の合体），学校統廃合などといった方向に転換しなければならない運命にある。

　アメリカでも，ベビーブーマー以後の世代は減少すると予測されており，ベビーブーマーの要求をそのまま取りこむと，次の世代の負担感を増す結果になることを懸念する傾向はあるが，さしあたりはかなりの長期的取り組みとしてベビーブーマー対策を構築することが可能なのである。したがって，定年制の廃止，生涯教育の重視，HMO（Health Maintenance Organizations 保険会社による管理医療）などといった改革が，長期にわたって有効性を発揮するという見通しを立てることができる。

(2) 日本のベビーブーマーの特徴

家族生活の多様化

　伝統日本の家族は，三世代同居家族，直系拡大家族，父系制家族などという特徴をもっていた。しかし今日，日本の家族は伝統的な形態を維持できない状況に陥っている。日本のベビーブーマー世代，つまり団塊の世代は，この家族生活の多様化をいっそう促進する世代であろうと予測されている。なぜなら，かれらの経歴が常に古い家族生活の破壊者であり，新しい家族生活の創造者であることを運命づけられてきたからである。

　団塊の世代は，第2次世界大戦後に復員した親，外地から引き揚げた親の子供として生まれた。団塊の世代は，なお多くの兄姉や弟妹を持っており，住宅事情の悪い中，多くのいとこや親戚に囲まれて育っている。団塊の世代の親たちは，大概，見合い結婚をしており，伝統的な家族観の下で家族生活をしようとしていた。しかし戦後の民主化は，民法改正によって，伝統的な日本家族制度を変えた。つまり団塊の世代の父母や祖父母は，自分達の生き方そのものが社会的に否定されるものとして，戸惑い，自信を

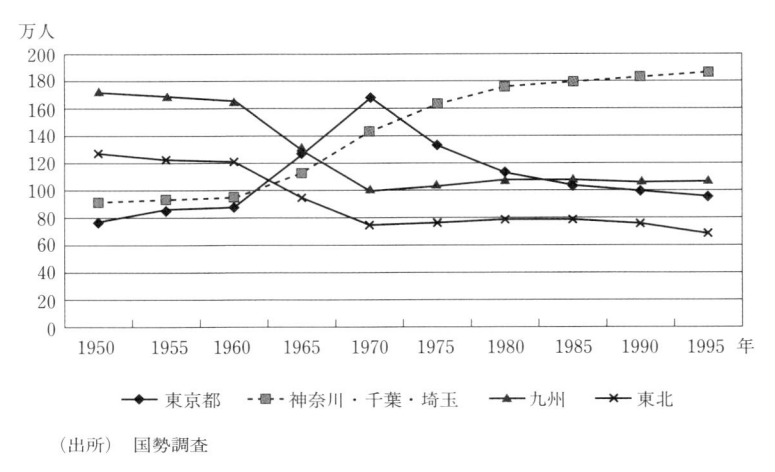

図8 ベビーブーマーの居住変化
（出所）国勢調査

喪失していたといえよう。団塊の世代はそんな揺れ動く親を見ながら育ったのである。

団塊の世代にとって，学校生活がまた，大きな影響を与えるものであった。彼らは，戦後の学校における民主主義教育を受けたのであるが，学級の中で男女が共学するという経験の中で育っている。さらに団塊の世代が多感な学校生徒の時期にテレビが普及しはじめ，その番組から流れる映像によって，男女の恋愛と，その結果としての結婚と家庭形成を夢みたのである。それは，親世代の伝統的家族観を否定するものであった。

ともあれ，88.3％の団塊の世代の女性は，34歳までに結婚し，84.3％の男性も44歳までには結婚している。しかし友愛家族はもろいといわれているが，事実離婚も多い。

団塊の世代の多くは親元を離れ，別世帯を構成している。それは仕事の関係で親元を離れなければならなかったというだけでなく，結婚したら，価値観の違う親とは一緒に暮らしたくないというケースも多かったといえる。

団塊の世代は，1人ないし2人の子供を育てている。彼らの家族観は，

核家族，マイホーム主義，ニュー・ファミリーなどといわれた。要するに，家庭とは，夫婦が未婚の子供と同居して夫婦の愛情関係，親子の愛情関係をはぐくむものであるという感覚を持ったのである。

しかし一旦親の老後の世話ということになると，親との間に葛藤があり，またきょうだい間でも葛藤がある。老親との間では愛情関係ではなく，経済的支援関係や身体的支援関係として認識されることが多いようである。親の世代は，なお伝統的な日本家族の感覚を維持しており，親孝行，長男は家の後継ぎ，長男の嫁は老親の介護者という感覚を持ちつづけている。しかし団塊の世代は，そのような感覚を重荷に感じている。長男の嫁がいやがることを，長男も次三男もいやがる。その順番による代替性の結果として老親を実の娘が世話するというパターンや，きょうだい同士で支えあうというパターンが生じているところもある。

団塊の世代の子供の育て方は，親元から自立するようにというものであった。したがって，いずれ自らが老いたとき，子供に支援してもらうという選択肢は捨てて，夫婦で老後を過ごすという選択肢を選ぶようである。

21世紀の社会福祉は，この団塊の世代が配偶者を亡くし一人暮らしになってもできるだけ一人で生活しつづけるか，もしくは再び伝統的な日本家族のような拡大家族に実を寄せるか，あるいは友人達との間で新しい擬似家族を作るか，それとも家族との生活をあきらめて福祉施設への入所を希望するかによって，大きく影響を受けることになるだろう。

生活様式としての郊外主義

団塊の世代は，戦後の日本経済発展の産業労働力として組み込まれた。彼らの親世代の多くは，なお農業に従事する自営農家であり，農村に居住していたが，団塊の世代は賃金労働者として，産業都市に働きに出ることになった。日本の都市産業の発展は，外国人労働力を導入する方式ではなく，内国の農村から若い労働力を吸引する方式によって成し遂げられたのである。

最初は都市内部の狭い住環境のもとから通勤しはじめた団塊の世代も，結婚し，子供を育てる必要が出てくると，よりよい住環境を求めて郊外に移動しはじめる。1970年代には東京都に集住していた団塊の世代は，神奈川県，埼玉県，千葉県に移住した。その動きは今日まで続いている。彼らの生活様式としての郊外主義は，「昔のニュータウンは，今の高齢者タウン」という変貌を示している。

　現在の団塊の世代の男性は，農園作業をしたり山村に滞在して，休日を過ごすことを望んでいる人が多く，いずれ年を取ったら小都市や農山村の自治体で暮らしたいという人が多い。しかしながら団塊の世代の女性は，小都市や大都市といった都市部で老後を暮らしたいと考える人が多く，男女の差がある。この差がどういう結果をもたらすかを注意深く観察する必要がある。

　団塊の世代は彼らの親世代の多くを故郷の農山村に多く残している。したがって，現在の農山村は都市よりも高齢化が著しい。この親世代の老後を世話することを考えて，農村に帰還する団塊の世代もいるが，すべての団塊の世代がそうするわけではない。むしろ団塊の世代の多くは，郊外に住み続けながら，時折農村を訪問しながら，自らも年を取っていくという人生をたどっているようである。

　1970年代に団塊の世代が郊外生活を始めたときに，日本政府や地方自治体は，いわゆる「コミュニティ政策」を展開して，草の根の住民自治組織再建を図った。住民が隣人たちのニーズを発見し，協力してそのニーズの充足を図る取り組みがうまくいったところでは，ボランティア活動や，NPO活動が胎動しはじめていたといえる。しかし多くの地方自治体では，コミュニティ政策が十分な効果をあげないままに終わっている。うまくいかなかった原因のひとつに急速で大量の人口移動があった。そのような状況下では，人々は近隣との間で，課題を解決するための協同関係を作り出すことができなかったからである。

　日本政府は地域福祉政策を促進しようとし，地方自治体が地域福祉を推

進する責務を負うように制度を改変したが，地方自治体は，自治体直営で各種の地域福祉事業を実施することはできないとして，既存の地域住民組織や新しいNPO，企業などを含む各種の団体に委託する傾向を強めた。そうした動きに一番敏感に対応しているのが，団塊の世代である。彼らは市民意識に目覚め，福祉のノーマライゼーションやユニバーサル・デザインの感覚を受け入れて，新しい郊外生活の様式を確立しようとしている。

　しかしながら他方では，こうしたコミュニティ組織化に失敗し，広域行政化の流れの中で，厳しい福祉行政運営を迫られている。最大のサービスを求めながら，最小の負担さえ逃れようとする人々が増えるという自治体にとっては，最悪のシナリオさえ考えなくてはならなくなっている。

労働なき年金か，生産消費者（prosumer）か

　団塊の世代の多くは，全くの賃金労働者として労働生活を始めたが，当時の日本的経営は，終身雇用，年功序列賃金，企業別労働組合という特徴をもっていた。そしてそのシステムを支えて働いた後，定年を迎えると，豊かな年金生活が待っていたはずだった。団塊の世代は，年金制度を普及して，国民全員がその恩恵に浴する仕組みを支えてきた。現在の年金は2階建てであり，1階部分には国民賦課型の基礎年金があり，その上に賃金収入に応じた積み立て型の年金があった。

　だが，団塊の世代が，ようやく企業内で管理職の地位に達したときに，日本人口構造は少子高齢化の動きと，厳しい国際競争力にさらされて，産業リストラの渦中に巻き込まれ，転職を余儀なくされている。終身雇用は崩れ，転職者にとっては，年功序列賃金は不利なものとなり，企業別組合は転職者や管理職を守るものではないことが明らかになり，積みたて式の年金部分も転職者には煩雑であることが明白になってきた。そして多様な雇用形態が生まれ，能力主義賃金が始まり，管理職ユニオンのような新しい組合が設立され，確定拠出型年金を取り入れた3階建て年金制度が導入されるといった新しいシステムへの移行期に，団塊の世代はさらされてい

る。

　団塊の世代が高齢者の仲間入りをするときに，彼らを支える働く世代は減少し始めるだろう。生産年齢人口が減少すれば，賦課型年金の負担が若い世代には大きくなる。今後の団塊世代の年金生活は，うかうかしていると期待はずれになりかねない。

　生産年齢人口が減少する時代には，所得税のような直接税に重点を置いていると，働く人に重税がかかってくるので，税制は消費税のような間接税の方に重点を移すようになるだろう。あるいはまた，税から社会保険へ重点を移すことになるだろう。しかし消費税などは，低所得者には厳しい税制であることから抵抗も大きい。

　現在は，わずかな基礎年金だけで生活している高齢者が農村にはたくさん住んでいる。しかし彼らは，農村において現物経済を維持している。食べるものくらいは自給するといった生活を続けている人が多いのである。これが団塊の世代になると，全くの現金生活者が多くなるから，お金がなければ生活もままならないということが当たり前のことと考えられる。サービスや商品が欲しければ，お金を払って購入し，お金が欲しければ，商品や労働力を売るのが当然だとすると，お金が少なく，労働力を売ろうにも雇い手がいないという老後はかなり厳しい暮らしになるといえる。

　そこで団塊の世代は新しい生活様式を模索することになるだろう。第1には，アメリカ社会と同じように，年金生活を基礎にしながら財産運用によって収入を得るという生活を構築する可能性がある。第2に年金生活に加えて，農業や商工サービス業の自営業を始めるという組み合わせも考えられる。第3には，自給自足的な生活様式を取り入れるということが考えられる。第4には，エコマネーとかローカルマネーといった利子を生まない新しい通貨システムを構築する可能性がある。いずれにしろ，第1のタイプを除いて，団塊の世代は，消費者生活と生産者生活を分けて考えるのではない新しいタイプの生活様式，いわば生産消費者という生き方を提起しはじめる可能性を秘めている。お金がなくても生きることのできる現物

経済をどう組み込むか。賃金労働ではない労働をどう活性化させるかといった課題が検討されることになるだろう。

　団塊の世代の目から見ると，彼らの老後の生活は多くの不安に満ち満ちたもので，欧米のような豊かな生活を期待したにもかかわらず，裏切られるのではないかと疑わざるを得ない将来である。国連の予測でも，2005年から2050年の間毎年381,000人の外国人労働力を迎え入れなければ，現状の労働力人口を維持できないとしている。団塊の世代はこれまで予測していなかったような社会を見ながら老後をすごさなければならなくなるだろう。

健康で実り豊かな生活

　団塊の世代は，比較的豊かな食事環境のもとで育っている。それはその直前の世代が厳しい食料不足の中で育ったこととは全く対照的である。食生活の変化によって，団塊の世代は，高脂肪による高血圧になり，心疾患やガンなどで死亡する傾向が強まっているといわれている。団塊の世代の男性は喫煙習慣を持つ人が多く，飲酒もよくする。しかしながら女性の方はあまり喫煙しないし，飲酒もしない。団塊の世代の男女ともよくボウリングを楽しみ，歩き，軽い体操をしている。男性の方はゴルフや釣りを楽しむ人が多く，女性は医学や保健関係のことをよく学んでいる。

　団塊の世代は，不安を持ちながら生活しており，E.H.エリクソンの言葉を借りれば，Integrity（統合性）をめぐる失意の危機に立たされている人が多くなるといわれている。しかしこうした実態がわかってくれば，むしろこの危機を乗り越えて自分の人生に有終の美を追求する動きが出てくるかもしれない。

　伝統的な日本人の高齢者にとって，よい老後の人生とは，社会的義務から解き放たれて，楽隠居することであった。しかし今日多くの日本の高齢者は，離脱することより活動し続けることを好む傾向にある。実際，今の高齢者は若い次の世代の子や孫と付き合いたいと思っている人は多い。そ

れにもかかわらず，実際には高齢者はそれができずに我慢をしている。団塊の世代はそういう親世代の生き方に批判的である。団塊の世代は，子供の世代に期待をかけず，自分たちの仲間内で活動的であればよいと考えている。彼らは子孫に頼るよりは，友達に頼ったほうがいいと考えている。多分仲間意識はかなり強いだろう。特に団塊の世代の女性は，女友達同士で老後を暮らすという夢を持っている人が多い。

　健康産業は団塊の世代に的を絞って，どんなことに興味を持っているかを察知しようと必死である。日本の保健福祉行政にとっても，団塊の世代の老後の生活イメージを把握することは重要な課題になっている。

(3) アメリカのベビーブーマーの特徴

　アメリカのベビーブーマーの特徴については，有名なNPOであるAARPが1998年に調査をした結果をホームページに掲載しているので，そこから引用してみよう。1960年代，70年代に青年文化を作りだし，80年代，90年代には共稼ぎ家族という世帯を作りだした世代の第一陣が50台前半に達しており，いよいよこれからリタイアメントの時期にさしかかってくるが，いったいどういう影響が出てくるかを予測しようということで，カンサス市のプロビデンス地区，シャロット地区，フェニックス地区に住む33歳から52歳の男女2,001人に電話調査した結果である。なおここでいうリタイアメントを，退職や定年と翻訳すると実態にそぐわないかもしれない。いわば第一線を退くというぐらいの意味で捉えていた方が無難かもしれない。

リタイアメントに対するユニークな期待
　ベビーブーマーは非常に新しいリタイアメント観を持っており，リタイアメントしてからも働き続けると信じている。
　8割のベビーブーマーはリタイアメント後も少なくともパートタイムで働く計画であるといっており，全く働かないという人は16％しかいない。

35％以上の人が主に関心と，楽しみのためにパートタイムで働くだろうという。収入のために働くという人は23％である。あとの17％は自分で仕事を始めるといい，5％がフルタイムの仕事をすると答えている。

またベビーブーマーの21％はリタイアした後新しい地域に移動することを予期しており，23％はリタイアメント計画に影響のある財産相続を受けると予期している。リタイアメントすると生活様式が規模縮小すると考えている人は35％に過ぎない。目標を達成するためには戦わなければならないと考えている人は23％に過ぎない。リタイアした後は重大な健康問題を抱え込むと考える人は16％とわずかである。

彼らの49％はコミュニティ・サービスあるいはボランティア活動にもっと時間をかけることを予期している。ベビーブーマーの73％がリタイアした後の時間を過ごす趣味や特別の関心を持つことを予期している。家族は重要な役割を果たすようで，ベビーブーマーの57％が子供の近くに住むことを予期しており，70％が祖父母になるといっている。

独立独行の気構え

ベビーブーマーは今のことしか考えていないという通説に反して，リタイアメントについての見通しを立てている人が多く，72％もいる。そして彼らのリタイアメントはきわめて独立独行の傾向が強く，7割の人は子供に頼ろうと思わないし，6割は将来に備える能力を信じており，「将来はなるようになるさ」と考える人は2割に過ぎない。金銭的な面で子どもに頼れるようになるべきだと信じている人はわずか9％しかいない。

この独立独行の精神はリタイアした後の収入にも関係しており，6割の人は貯金と投資からお金を得ることを計算にいれており，48％は年金を計算にいれている。3分の2のベビーブーマーはリタイアメント後のためにお金を持ち越すことに満足している。

世代差

　ベビーブーマーに関する固定観念のいくつか，つまり信念をもっており，自立的であり，楽観的であり，なんらかの集団に関与しているということについては調査でも確かめられている。さらに前の世代と異なっている点として，快適に暮らすためにはもっとお金が必要だと考える人が親世代より多いこと（84％），親世代よりも自己に甘い人が多いこと（75％），長生きするだろうということ（67％），リタイアした後も健康だろうということ（56％）などが挙げられる。

楽観主義とアンビバレンス

　リタイアメントに対してベビーブーマーが楽観的であるということは，次のようなことでわかる。69％の人々が楽観的で，それには非常に楽観的で待ち望んでいる人28％，かなり楽観的で待ち望む人41％を含んでいる。リタイアメントについての考え方を持っている人の81％は，老後に楽観的な感じを抱いているという。しかし年を取ることには楽観的であっても，金銭的な面では不安がある人が多いようである。リタイアメントとはどういうことかを問うた質問の上位にきたのは，家族とともに過ごすこと（74％），及び自分の関心があることや趣味に時間を費やすこと（74％）であったが，下位に挙げられたのが，すべての面で積極的なつながりが少なくなること，退屈なこと，孤立することなどであった。同時にリタイアメントという言葉を聞いて最初に思い浮かべることを聞いてみたところ，「十分な金銭的な保障があるかどうか」が最も多い回答だった。このようにベビーブーマーはアンビバレンス（両価感情）を持っているようである。ベビーブーマーの76％は将来に備えて犠牲を払い，貯金すべきだと考えているが，47％の人はそうすることが難しいといっている。また39％のベビーブーマーは「自分のリタイアなんて考えられない」という意見に賛成するが，44％の人はこの意見に反対している。年を取ることについてのアンビバレンスは，既にベビーブーマーの平均年齢が42歳になっているの

に，典型的なブーマーは 35 歳であると感じているということに示されている。

世代間の多極化

富めるものと貧しいものの差が開くというような多極化の傾向は，ベビーブーマーの中でも生じており，4 分の 1 のベビーブーマーはリタイアメントに備えることがうまくいかず，悲観的である。収入，リタイアメントに対する楽観主義，準備があるかということになると，ベビーブーマーの差し迫ったリタイアメントに対する態度は分かれてしまう。世帯収入の上位 25 ％（収入が 7 万ドル以上）は，下位 18 ％（収入が 3 万ドル以下）と比べると，リタイアメントに「全く楽観的である」という人は 2 倍の差がある（36 ％対 18 ％）。持てる者たちが与えたリタイアメントに対する多くの考え方は，持たざる者たちの倍近くになる（49 ％対 28 ％）。持てる者たちは，持たざる者たちよりも，将来に備える能力を持っているという確信を感じている人が多い（76 ％対 47 ％）。全体としては 4 人に 1 人のベビーブーマーはリタイアできないと思っていないが，持たざる者たちでは，44 ％がリタイアできないと思っている。

社会保障と医療の評価

ベビーブーマーは年金やメディケア（医療保険）に対して葛藤状態にある。55 ％の人は非常にあるいはどちらかといえば年金に好意的な観点を持っている。そして 55 ％の人は，「お金を年金体系に入れれば入れただけそれだけ戻ってくる」という考え方に賛成している。しかしリタイアした後 48 ％の人は年金を計算に入れているのに，15 ％の人は，リタイアした後のニーズについてほとんどあるいは全く年金には頼れないと思っている。36 ％の人しかリタイアしたときに年金が一般的になっているとは確信していない。

メディケアについては，6 割の人が非常にあるいはどちらかといえば好

意的であるが,よくこのシステムについて知っているという人は46％しかいない。メディケアがリタイアした後役立つだろうという人は39％しかいない。現在,ベビーブーマーは現行の健康保険についていろいろな側面について確信ある表明をしている。多数派は現行の健康保険に対するいろいろな側面に満足しているが,少数派は,差し迫った自分たちがリタイアした時の健康保険ということになると確信できる人は少なくなる。必要なニーズに関して介護を得ることができるかどうか（60％対25％），自分で選んで医者を訪ねることができるかどうか（55％対24％），必要と感じたときに専門家と会えるかどうか（53％対21％）といった具合である。

民間非営利組織のAARPは,このようなベビーブーマーの動向を踏まえて,早くも自分たちの組織メンバーに取りこむことを考え,政策に対してもベビーブーマーの意向を反映させる運動を展開する動きを示しているのである。

ベビーブーマー高齢化のインパクト
――社会的プログラム評価研究の必要性――

われわれは,今後団塊の世代の動向に注目し続ける必要がある。われわれは彼らの社会的ニーズと地方システム,全国システム,国際関係の動向を結びつけなければならない。

たとえば,新しい公的介護保険制度の導入に基づいて,要介護老人はいろいろなところからの介護サービスを受けられるようになった。しかしその諸段階で,さまざまな評価をし続けなければならない。

保険者としての市町村は,まず要介護認定の申請があったときに,調査をして認定をするが,そのときにニーズと認定が合致しているかどうかを評価しなければならない。あまりにも一致していない状況があれば,運用の改革だけでなく,制度の改革さえ必要になるだろう。

要介護度の認定がなされると介護報酬の限度額が決まるが,要介護とされた人がその限度額を越えてサービスを利用するのか,限度内でサービス

を利用するのかを評価しなければならない。そこにあまりにも差があれば，限度額の設定そのものを変更することが必要になってくる。

　このサービス利用計画を立てるときに，ケア・マネージャーという専門職が活動することになったが，そのケア・マネジメントがサービス利用意向を持っている人のニーズにどれだけ沿っているかを評価しなければならない。

　いよいよサービスを提供する事業者と利用者の間で契約が取り交わされるが，利用者が納得したサービスが提供されているかどうかを評価しなければならない。

　保険者としての市町村は，このような複雑な社会保険がどれだけ費用対効果に耐えうるものであるのかどうかを評価して，保険料や要介護度別介護報酬限度額やサービス事業者への介護報酬単価に反映させなければならない。

　それぞれの過程で，いろいろなクレームが生じる。そのクレームを処理しながら，制度を微調整していく過程は不断のものである。現在の高齢者は，長い間，家族介護の下で親孝行を当然として生活してきた世代である。そして一部の高齢者は措置行政のもとでお上の恩恵を感じながらサービスを受けた人々である。だがこれからの団塊の世代は，しっかりした権利意識に基づいて要求する人々である。サービスを受けるのは慣習でもなければ，恩恵でもなく，当然の権利という意識になるだろう。こうした世代への説得と納得，利用と満足がどのようになっていくのかを注意深く評価研究で追跡することが，日本のみならず，他のベビーブーマー世代を抱えた国々，これから急速な人口高齢化を進める諸国にとっても有益な研究になるだろう。もちろん公的介護保険制度ではカバーできないさまざまなサービスについての評価研究についても同様である。今後とも日米で，共同して団塊の世代ウォッチングの評価研究を続けていくことが重要なのである。

参考文献

AARP Research Center, 2000, Baby Boomers Envision, Their Retirement : An AARP Segmentation Analysis. http://research.aarp.org/econ/boomer_seg_2.html

浅野仁編，2000，『シンポジウム　少子高齢社会の展望：熟成社会への提言』，関西学院大学出版会

小川全夫，1996，『地域の高齢化と福祉：高齢者のコミュニティ状況』，恒星社厚生閣

堀内隆治・小川全夫編著，2000，『高齢社会の地域政策：山口県からの提言』，ミネルヴァ書房

小川全夫，2001，「高齢者の地理的移動と地域再組織化の過程：平成10年〜12年度科学研究費補助金基盤研究B 2 研究成果報告書」，九州大学大学院人間環境学研究院

株式会社食品流通情報センター，2000，『熟年・シニアの暮らしと生活意識データ集2001』

河出書房新社編，1978，『わが世代　昭和22年生まれ』，河出書房新社。

Sterling, William P., and Waire, Stephen R., 1998, *Boomernomics,* Random House.（田中浩子訳，2000，『団塊世代の経済学』，日経BP社）

第 3 章

ニューエイジングへの挑戦

前田大作

小川全夫

前田大作(まえだだいさく)(1.)

ルーテル学院大学文学部社会福祉学科教授
専門:社会老年学・社会福祉学

明治学院大学文学部卒業。社会福祉法人全国社会福祉協議会,東京都老人総合研究所,日本社会事業大学,立正大学を経て現職。日本老年学会理事,国際老年学協会評議員,東京都老人総合研究所評議員,Aging and Society 国際編集顧問等を兼務。著書に『お年寄り』(共著・九州大学出版会)など。

小川全夫(おがわたけお)(2.)

プロフィールは第2章参照。

1．東京シンポジウム
――ニューパラダイム・社会実験・NPO――

　UCLA（カリフォルニア大学ロサンゼルス校）のラベン教授は，アメリカでは最近人口高齢化に関して，新しいパラダイムが生まれつつあることを強調して報告された。ラベン教授によれば，このアメリカの人口高齢化に関するパラダイムは，これまでよりも人口高齢化について楽観的な見方をしている，あるいは「楽観的な見方をすべきである」という考え方といってよいが，このような考え方がかなり一般的になっている，とのことである。

日米の人口高齢化の大きな差

　ラベン教授の基調報告は，非常に興味深く，また示唆に富む講演で参加者に感銘を与えた。しかしラベン教授の報告を日本に当てはめるには慎重でなければならない。その理由は，アメリカのベビーブーマー世代の高齢化，あるいはアメリカのニューエイジングと，日本の団塊の世代（ベビーブーマー世代）の高齢化との間には大きな差異があり，アメリカの新しいパラダイムが強調する"楽観的な見方"は，日本の高齢化に関しては残念ながら直接的には当てはまらないからである。その理由は，アメリカのベビーブーマー世代が高齢人口になることの人口学的な影響は，日本の団塊の世代の高齢化の影響よりも遙かに小さいことにある。

　具体的にいうと，アメリカでも日本でも，ベビーブーマー世代が高齢人口，すなわち65歳以上人口に加わってくる時期は，2006年以降であり，同じであるが，それ以前もそれ以後も，総人口に占める高齢者人口の割合は日米で大きく異なっている。

すなわち，2000年の時点でも日本の人口高齢化の方がずっと進んでおり，約5％の差があるが，その差は今後2010年までの間に急速に広がり，9％となり，その後はさらに広がって10％を超える。日本の高齢者人口の比率は2030年で28％に達するが，その時点でアメリカは，19.6％にしかすぎない。

アメリカが，ベビーブーマー世代の高齢化について，かなり楽観的，あるいはそれほど悲観的にならなくてよいと考えていられる理由はここにある。基本的に，日本のように深刻ではないのである。残念ながら日本は，アメリカのようには楽観的になれない。

アメリカでの新しいエイジング・パラダイムについて

ラベン教授は，上記のように新しいエイジング・パラダイムでは，アメリカの人口高齢化について，これまでよりも楽観的な考え方をすべきである，と考える，といわれたが，このことに関連して教授が指摘した事項は，要約すると以下の諸点である。

① 高齢者の80％は，健康で自立していること。施設に入居している人は5％程度にすぎないこと。
② 自立生活が不可能な高齢者の世話をしている人の大部分は家族であること。そして在宅の高齢者で公私機関の家事・介護サービスに全面的に依存しなければならない人は，65歳以上高齢者の10％に満たないこと。
③ 高齢者の多くがボランティア活動をしていること。
④ 高齢者のライフスタイルでは，家に引っ込んでいる生活スタイルが減っていること。高齢者の間での身体的な障害を持つ人の比率が減っていること。またナーシングホームの利用者の比率が減っていること。
⑤ 最後に，ラベン教授はニューエイジングに関わる新しいパラダイムからいくつかの政策課題が重要視されるようになってきたということ

を指摘した。すなわち，第1は高齢者が障害を持つようになるのを予防し，また障害を持つようになった高齢者の自立能力を高めるためのリハビリテーションのプログラムを発展させること，第2には，高齢者が介護者としての役割を果たしていることが多いので，そのための対策を発展させること，第3には，高齢者の生活の場として，今後はいっそう在宅，あるいは住居的な生活の場でのケアを重視し，施設でのケアをどうしても避けられない場合のみに利用するようにする，という3点をあげた。

アメリカのニューパラダイムと日本の高齢化

これらの諸点は，サクセスフル・エイジングとか，プロダクティブ・エイジングに関連してこれまでも努力目標として強調されてきたことであるが，ラベン教授によれば，その目的がアメリカでは少しずつではあるが実現しつつある，ということであり，「介護予防」という目標を掲げて努力をしている我々日本の高齢者福祉関係者に勇気を与える報告であった。

このように日米の目指す方向はほぼ同じではあるが，しかし，一方日米では出発点が異なることに留意する必要がある。たとえば，アメリカでは施設入所の高齢者の比率をこれ以上高めないようにしよう，できれば少しは下げよう，という方向を目指しているが，日本はまだまだ入所ケア施設は不足しており，今後当分の間，ベッド数の増加はもちろんのこと，施設入所率を現在よりもかなり高める努力をしてゆかなければならない。特に大都市地域での入所施設の不足は深刻であり，これらの地域では入所ケア施設はどこでも気の遠くなるような多数の待機者を抱えている。このような状況では，とてもアメリカのように楽観的にはなれない。

楽観的になるのを躊躇させる理由の1つを次の報告で共同通信論説委員の皆川氏が適切に指摘している。つまり日本ではこれまで団塊の世代，つまりベビーブーマー世代が，高齢の両親を自宅で介護する，という形で高

齢化社会を支えてきた。そのため最近の新聞紙上をにぎわしたように，介護保険の利用者が予想よりも顕著に少ないということになっているが，同じく皆川氏が指摘したように，日本のベビーブーマー世代は，「子供に世話をしてもらえない最初の世代」となるだろうといわれている。つまり「介護の社会化」がベビーブーマー世代の高齢化と共に急速に進み，社会化されたケアサービスの費用が，今までよりも遙かに大きな負担として次の世代の肩にかかってくることは避けられないと思われるからである。日本はこのように高齢者の絶対数と比率の増加に加えて，負担を大きく増やすような方向の社会変化が今後急速に進むと予想されている。ここがアメリカとは大きく違う点である。

　しかし，ラベン教授が指摘したその他の事項では，アメリカの現在の状況はわれわれ日本人をかなり安心させ，積極的，楽観的にさせてくれる。たとえば，家族ケアが日本よりもはるかに貧弱だと思われているアメリカでも，在宅の高齢者で公私機関の家事・介護サービスに全面的に依存しなければならない人は，65歳以上高齢者の10％に満たない，ということ，また高齢者の健康状態が改善されてきていること，多くの高齢者がボランティア活動をしていること，などは，われわれ日本人に新しい可能性を示し，勇気づけてくれる。またラベン教授が指摘したニューエイジングにかかわる新しい政策課題は，日本にもほぼ共通で，すでに日本でもこれまで懸命に努力し成果を上げてきたことがほとんどである。日本が特に遅れていたのは，"（在宅ではないが）住居的な生活の場におけるケア"という点であったが，最近の新聞報道によれば，日本政府は，欧米諸国と比べて著しく見劣りのする日本の特別養護老人ホームや老健施設を，今後は欧米諸国にならって個室化し，その代わりに住居費，つまり家賃を介護費とは別に徴収するようにしたいという。ただしこのような改革は，低所得者に新たな負担を強いることになるので，低所得者対策を並行して進めなければならないが，それはそれとして，高齢者サービスの大きな進歩となる改革が新しく始まろうとしている。

結論として，アメリカほどではないが，日本の高齢者保健福祉対策も総体的には積極的な方向を目指しており，特に遅れていたケア・サービス・プログラムの内容が，いよいよ欧米諸国のものに近づいてゆくことは注目されてよいことだと思われる。

NPO を巡って

NPO をめぐっては，UCLA のギドロン客員教授からたいへん有益な報告があった。そのなかでも東京のシンポジウムの文脈からいってもっとも重要視すべき点は，ギドロン教授の指摘，すなわち「高齢者を社会にとっての負担と見る見方から，高齢者を社会の資源と見る見方に変えてゆく上での NPO の役割」という点である。

教授は，アメリカの高齢者関連の代表的な NPO のいくつかについて非常に有益な事例を紹介されたが，それらのなかで今後の日本にとって特に重要なのは，"高齢者による，高齢者のための NPO"，および"高齢者のボランティア活動団体"であると思われる。前者についての具体的な例は，AARP（最近までの正式名称は American Association of Retired Persons アメリカ退職者協会であったが，今は退職者だけの団体ではないということから，AARP という略称が正式名称となった）である。AARP は世界でもっとも大きく，かつ活発な活動をしている NPO で，50 歳以上の人であれば誰でも加入できる。AARP については，本書の第 4 章の 2 節に詳しい説明があるので，ここではこれ以上の説明をさけるが，高齢化の急速な進行が進む日本にもぜひ存在してほしい団体である。

後者のボランティア団体であるが，アメリカでは非常に多数の高齢者がボランティア活動を推進する団体に参加している。日本でも数多くの機関・団体が高齢者のボランティア活動の推進に努力しているが，残念ながらアメリカと比べてまだまだ遅れている。日本ではボランティア活動をしようという高齢者が少ないのに加えて，社会の方に高齢者にそのような機

会を提供しようという考え方が遅れている。この点では今後アメリカに多くを学ぶ必要がある。

日本のNPO ── その可能性は？

ギドロン教授の報告を受けて，共同通信社論説委員の皆川氏からは，日本の団塊の世代の高齢化が，サービスを受ける側としての発想ではなく，高齢期に入って後もどのように社会に参加し，寄与し続けるであろうかという視点から，東京の早稲田地域における団塊世代の商店主たちの動きを，興味深く示唆に富んだ事例として報告された。

皆川氏によれば，団塊の世代というのは，ビートルズに熱中し，前後の世代と比べて格段に厳しい受験地獄の狭き門を突破して入った大学では，全共闘運動を展開して社会を掻き回し，結婚した30歳前後の頃には新しい家族形態，家族生活を創出するであろうとの期待からニューファミリーと呼ばれ，つねにその数の多さで社会の注目を集めてきた世代である。

またこの世代が日本経済の急成長に大きな寄与をしたことも忘れてはなるまい。中学，高校を卒業する頃（1965年前後）には，労働者，勤労者，また学生として，大量に急激に大都会へと移動して，日本の都市化を急展開させたのは彼らであったし，何よりも低廉な労働力として日本経済の競争力を支えた。また結婚すれば（1973年頃以降），電気洗濯機，電気掃除機などの購入量を急増させ，子供ができれば家族での外出のために自動車への需要を大きくふくらませ，常に需要拡大の担い手としてオイルショック（1973年）後の，とかくよろめきがちの日本の経済成長の大きな支え手としての役割を果たしてきた。しかし，40歳前後（1986年頃）ともなれば，彼らが高齢者になるころの日本の超高齢化が問題視されるようになり，長寿社会対策大綱が初めて作成されるということもあった。また最近の経済の停滞の中では，数が多いためにリストラの対象となったのは，主としてこの世代の人たちであった。このように日本の団塊の世代（ベビーブーマー

世代）は，アメリカのベビーブーマー世代とやや似た社会的存在ではあるが，相対的に数が多く，またわずか数年の幅しかない世代だけに，アメリカの場合よりもはるかに強い影響を社会に及ぼし，また今後も及ぼし続けると予想されるのである。

サービス供給システムの変革をめぐって

ボストンカレッジのマホーニー准教授からは，サービス供給システムの変革におけるアメリカでの最近の動きについて，たいへん興味深い報告があった。日本は，今やっと公的機関による一方通行的な措置によるサービスから，契約によるサービスへと変わろうとしている段階で，それも高齢者については実現したが，障害者についてはまだ措置形態のままである。ただし，措置の形態によるサービスがすべて劣っているわけではないことにも留意する必要がある。対象によっては，措置の形態のサービス給付の方が適している場合があることはもちろんであるし，確固とした福祉理念をもち，高いレベルの知識と処遇技術を持った職員をそろえることができ，インフォームド・コンセントを取り入れるなどの工夫をすれば，契約によるサービスよりも対象者の客観的ニーズへの対応にはより有効であるとおもわれる。

しかし，"確固とした福祉理念をもち，高いレベルの知識と処遇技術を持った専門職員をそろえる"ということは，いうは易いが実際には実現が難しい。そのため，少なくとも高齢者サービスや，身体障害者の分野では，世界の潮流は措置によるお仕着せのサービスから，可能な限り利用者の主体性，選択権を尊重しようという方向である。行き着くところは，現物給付から現金給付への流れである。

マホーニー准教授は，アメリカのメディケイド（医療扶助）における現物給付から現金給付への転換のための実験と評価のプロジェクト，すなわち Cash and Counseling Demonstration and Evaluation（CCDE）につい

て，たいへん興味深い報告をされた。このことについては，本書の第4章でかなり詳しく解説されているので，ここではその意義についてのみ簡単に触れると，CCDEは，一口で言えば，サービス供給機関側が作るケアプランによる現物給付から，それと同額の現金を利用者に支払う方式に切り替え，給付された現金によってどのような生活をするかの相談を受ける機関を整備した場合の効果についての評価研究である。日本では，生活保護をのぞいて福祉サービスの現金給付は行われていないが，北欧諸国では成人の在宅身体障害者については，かなり前から，希望により現物給付の代わりに現金を給付して，障害者自身が自分の好みの在宅ケアワーカーを雇ったり，あるいはケアワーカーにきてもらう時間を減らしてデイサービス・センターを多く利用するなどの自由裁量によるサービスの選択を認めている。マホーニー准教授の報告は，この変化がいよいよアメリカにも及んできたこと，したがって近未来のうちに日本でも現実的な政策課題となることを予測させてくれた，という点で非常に重要な報告であった。

　マホーニー准教授は，最近アメリカ連邦政府によって行われているHome and Community Based Services Resource Network（HCBS）という実験プロジェクトについても報告された。これは一口で言うと，長期ケアのニーズをもつ人たちへの，在宅もしくはコミュニティ・ベイスド・サービスの改善を促進するために作られた機構であり，サービス供給機関の代表とサービスの利用者の代表それぞれ同数の合計12人の理事によって運営される。この機構の目的は，長期ケアの利用者が感じている現在の在宅サービスや地域サービスの仕組みやサービス提供上の問題点について，具体的な改善の方策を立案し提案することである。この機構の性格や役割はたいへん興味深く，日本の介護保険でも都道府県の段階で取り入れるとおもしろいのではないかと思われるが，紙面の都合でこれ以上の説明は差し控えさせていただく。

　パネル・ディスカッションの第2部では，第1部での講演や報告について，それ以外の日米の参加者が質問やコメントをおこなった。たいへん活

発な討論が行われたが，重要なコメントや質問への回答については，このまとめのなかに，また第4章における解説に含めて記述されているので，ここでは重複を避けて説明を省略させていただく。

2．福岡シンポジウム
―――家族支援と政策評価基準―――

家族介護者支援プログラム

「将来，予測される高齢者のニーズに対応するための政策と事業の策定にあたり，アメリカ連邦政府の政策立案者は，少なくとも5つの主要な課題に直面しなければならない」とアメリカ連邦政府保健福祉省高齢者福祉局の前局長ジャネット・C・タカムラ氏は口火をきった。その5つの課題とは以下のとおりである。
・逼迫した人口学的・経済学的現状
・進歩する科学技術を取り入れて適切に応用する必要性
・消費者側の好み
・政策や事業の立案や実施に影響を与える組織・構造の現状
・政策立案過程の政治的現実

その第1に挙げられている「逼迫した人口学的・経済学的現状」というのは，今後30年間で高齢者人口が劇的に増加し，それに伴いコストも大幅に増大するという現実を指している。つまり，2006年には，最初のベビーブーマー世代が，アメリカの法で定めた高齢者サービス開始年齢の60歳に達し，さらにその5年後にはメディケア（アメリカの制度で，入院，医師による治療，老人ホームでの介護などを負担する老人医療保険）の利用開始年に達するのである。現在メディケアの受給者は3,900万人であるが，2030年には7,700万人に達し，予算は，1999年に2,120億ドルだったが，2030年には6,940億ドル(2000年の貨幣価値換算)にまで達すると予測されている。

さらに第３に挙げられている「消費者の好み」とも関係しているのであるが、ベビーブーマー世代が高齢化した場合には、従来の高齢者とは異なる意識が強く打ち出されてくる可能性がある。例えば、「英語能力が限られたマイノリティのニーズを文化的に敏感に感じ取って事業を展開するべきだ」、「郊外に住んでいる高齢者は、慢性的に医療の専門家不足や福祉基盤の未整備状況に置かれているから、この社会的・経済的不平等を是正すべきだ」といった要求が強く打ち出されるというのである。またアメリカでもほとんどの高齢者とその家族は、介護サービスを家庭や地域で受けたいと考えている。そして援助を受ける場合には、本人がどんな介護サービスを受けるかを確認し、管理することが可能であることを要求する傾向が強くなっている。つまりアメリカでは、家庭と地域に根ざした介護、消費者指向の介護、文化的にみて適切な介護を求める傾向が強まっているのである。

このような中で、タカムラ氏が提案した「家族介護者支援プログラム」は、昨年11月に議会を通過して、実施に移されることとなった。これによって、家族介護者は、情報提供、支援、一時的休息、介護者に必要な教育、支援グループ、相談、その他補完的なサービスを利用できるようになっている。予算の88％は介護者を支援するサービスに当てられ、10％は革新的なサービス提供を試す実験事業に当てられ、残りの2％は、啓発活動に当てられることになっている。このプログラムは、47州の高齢化対策機関、655の地域高齢化対策機関、225のアメリカ先住民部族組織、2万7,000のサービス提供機関によって実施に移されることになっている。ともあれ、アメリカ連邦政府にとって、家族介護者を真正面に据えた事業というのは、これが最初である。

老人虐待防止と権利擁護

家族介護者がなぜ支援の対象とされるようになったのか。そうした疑問

に応えるための1つの深刻な事態が，UCLAのエイリー・ムーン准教授によって例示された。それは「老人虐待」という衝撃的な事実である。

老人虐待には，身体的虐待，心理的・感情的虐待，性的虐待，金銭的・物質的搾取，世話の放棄・放置，さらには高齢者自身の自虐などがある。その中でも世話の放棄が最も一般的であり，全国高齢者虐待センターの1996年調査では，老人虐待総数7万942件のうちの48.7％が世話の放棄，35.4％が心理的虐待，金銭搾取が30.2％，25.6％が身体的虐待であったという。

このような虐待は，なかなか表沙汰にはなりにくい性質のものであるが，アメリカでは通報義務規程が強く打ち出されている。虐待についての通報は，家族から20％，警察からが17.3％，保安官からが11.3％，在宅サービス提供者からが9.6％，友人や隣人からが9.1％，被害者本人からが8.8％，医者や看護婦や病院からが8.4％，そして在宅サービス以外のサービス提供者からが5.2％という結果になっており，かなり専門職や公的機関が積極的にこの問題に関わっていることが分かる。

老人虐待がなかなか通報されない理由は，本人にとっては，復讐への恐れ，施設へ措置入所させられることへの不安，家族の恥，警察や社会福祉当局への不信，一般的な他者不信などが主な理由になっており，周囲の人間にとっては，相談先についての無知，手段的無知，他者への不信，傍観者的無関心などが理由になっていると考えられている。

老人虐待の被害者の大多数は女性であり，外部社会から隔離されている場合が多い。加害者は，男性が52.5％，被害者の成人した子供47.3％，配偶者19.3％，孫8.6％，きょうだい6.0％，他の肉親8.8％などとなっており，親子関係の中で虐待が生じていることが注目される。

老人虐待は，暴力と無視という行動様式が学び取られた結果であり，世代から世代へと繰り返される傾向があるという。またあまりにも老人が家族支援に依存しすぎた結果であるともいう。依存が強すぎて，それが家族にとっては，物質的・精神的に重荷になり，虐待のお膳立てになっている

可能性があるからである。加害者自身が，個人的な問題を処理できないままに抱え込んでいる場合も多いといわれている。また年をとることがどういうことであるのかについて無知であることが，虐待に繋がっているともいわれている。

アメリカでは，老人虐待防止法を制定して，医療専門職，サービス提供者，聖職者，法律家，介護施設の従業員などの関係者には，虐待の通報を義務づけており，通報しなかった場合には罰則が適用されるという厳しい内容になっている。しかしこうした刑法といった公権力の介入によるだけでなく，成人保護局による予防と保護を目指した，調査，告発，情報サービス，啓発，地域に根ざしたサービス統合，専門家の育成，官民の協働などが目指されている。

「年を取ることが，黙って苦しむ人々になることであってはならないのです。そうならないようにすることが，国，司法，警察，医療および社会福祉サービス提供者，そして地域社会の責務なのです」とムーン准教授はいう。まさにそのためにも，タカムラ氏のいう家族支援プログラムが必要だということになる。

河野正輝九州大学教授は，ムーン准教授の報告を受けて，日本側では，まだ老人虐待に対して刑法的な関与を高めるという戦略はとっていないと断った上で，むしろ介護サービスの提供が適切に行われているかどうかというサービスの質問題を提起する。実際これまでのところ，老人虐待についての体系的調査研究報告は日本ではなされてはいない。そこで，小規模ながら報告されている調査結果を紹介しながら，介護サービスに対する不満があり，その不満を解決することも，公的介護保険制度を導入した理由の一つであったという。

そして痴呆性高齢者など判断能力が不十分な人々の権利を擁護するために，成年後見人制度が2000年4月より施行され，社会福祉法の改正にもとづいて，福祉サービス利用援助事業が2000年6月から施行され，さらに公的介護保険制度の施行にともなって，苦情処理制度が2000年から施行さ

れるようになったという日本の現在の動きは,サービスの質の確保を目指した機構づくりといえる。

また現在,情報提供,第三者評価,NPOによる施設オンブズマンなどの新しい活動も始まっており,これから急速にサービスの質を確保するため,またサービス利用者の権利擁護のための仕組みづくりが,いっそう進むと考えられている。

医療改革の公平性評価

「さまざまな改革についての評価をする時に,効率性やサービスの質だけが評価基準なのではないのです。公平性という評価基準を欠かせてはならないのです」と,UCLAのスティーブン・ウォーレス教授はいう。アメリカでも公平性の問題は,医療の面でとかく無視されやすい評価基準である。

OECD(経済協力開発機構)は医療制度の公平性は,結果の公平性(死亡率,平均寿命の伸び,健康状態など)と過程の公平性(サービスの利用可能性,満足度)と資源の公平性(政府の財源と個人や家族の負担)から評価しなければならないとしている。そこでウォーレス教授は,効率性はとかく平均値で測定されるが,公平性は分散値で測定されなければならないとして,健康改善,責任とアクセス,財政的改善の3側面から,メディケアとHMOを比較している。資源の公平性から考えて,これまで医療と施設ケアをカバーする健康保険としてのメディケアは,税金で賄われており,個々のサービスごとに利用料金が設定されている。医者が処方するサービスの量に応じて,その料金が加算されていく。これは,現在の日本の政府管掌健康保険制度と似ている問題点がある。医者の経営が優先されて,患者の意向を無視した乱診乱療が生じやすい仕組みだからである。そこでアメリカでは1980年代にHMOが取り入れられた。これはマネージド・ケア(管理医療)ともいわれる方式で,被保険者の保険料積み立て(定額前払い)

の状況に応じて，民間の保険会社が病院などに利用できる医療費の限度額を示し，その中で必要なサービスの組み合わせを工夫させるというものである。これは公的介護保険が，要介護度に応じて支払われる限度額が決められるというのと似ている方式である。日本の医療保険についても検討はされているが，なかなか実現ができないでいる方式である。マネージド・ケアは，限られた資源を本当に必要な時に，必要な人に配分するためには，効果があるといわれているが，その反面，コスト面から患者の必要とするサービスが受けられなくなるとも言われている。

さて，結果の公平性をエスニシティ（民族）ごとの健康改善状況という面から比較すると，アフロアメリカン（アフリカ系）やラティノアメリカン（中南米系）がユーロアメリカン（白人系）よりも主観的健康観が低く，ADL（日常活動能力）の面でも，アフロアメリカンは困難を感じている人がユーロアメリカンよりも多いという。

次に過程の公平性を利用と満足という面から同様に考察すると，アフロアメリカンやラティノアメリカンの方は，HMOの方が利用しやすいと感じているが，医者の治療に対する満足度は低いという結果を示している。

このように，医療改革について，公平性の観点から評価することによって，階級差，地域差，性差，世代差などとともにエスニシティなどにもとづく文化差に配慮しなければならないということをウォーレス教授は主張する。

家族支援と政策評価をめぐる課題

伊奈川秀和九州大学法学研究院助教授は，これらの報告に対して，今後，価値観が多様化して，高齢者と一言で括れないような状況が出てくる中で，政策立案者がいかに多様な意向を踏まえて事業を組み立てるかが問われているとして，今後の健康高齢者支援対策や家族介護者支援対策が，ポスト介護保険の課題になるだろうとコメントをしている。

UCLAのギドロン客員教授は，アメリカが一枚岩的な施策から複数の多様な施策に重点を移し，サービス利用者や消費者による選択的意思決定の機会を与えること，要介護者への直接的な支援から家族介護者への間接的な支援に重点が移されること，政府が決定した事業を担う方法についてはいろいろと代替的な方法があるのだから積極的にNPOを関与させることを提言している。

ジャーナリストのトニー・ラズロ氏は，日本の団塊世代800万人が高齢者になる時，昔からの社会問題を解決するだろうという期待があるという。しかし日本のNPOで福祉サービス事業者として活動しているのはわずか1.3％しかないが，サービス利用者やNPOが積極的に動く方が，結果として介護の質も上がるのだから，もっと積極的にNPOの活動を育てるべきだとコメントしている。また介護者には女性が多く，負担も大きい。これが虐待にも関係しているのだとすれば，介護の質を上げるためにも，家族介護支援は必要だという。まだまだ日本では性的虐待，児童虐待，家族内暴力などがようやく表面化してきたが，もっと人々は提案し，政策的決断によって，社会的に望ましい方向に動かすことを考える必要があるとした。

ボストンカレッジのマホーニー准教授は，どんなに施策が立派であっても，その実施過程で介護の質を確保する必要があるという。しかし介護の質という時，アメリカではあまりにも専門家の質に重点をかけすぎてきた観があるという。本来，介護の質は，利用者の立場から測られるものであるということ，個人支援システムについて自己評価を行うこと，目標達成度，精神的身体的介護満足度，ケアワーカーやケアマネージャーの労働環境，現物給付型／現金支給とカウンセリング型などといったものについて学術的に評価研究することの必要性についてコメントした。

ルーテル学院大学の前田大作教授は，日本の医療や介護の評価が初歩的な段階にあり，ミクロレベルの評価に留まっているが，これからはメゾ・マクロレベルの評価に目を移す必要があるという。公的介護保険制度の導入に際して，選択の自由，自立，自助が強調され，それを支援するために

第3章　ニューエイジングへの挑戦

介護支援活動としてのケア・マネジメントが導入されたが，アセスメントの段階で十分な権利行使ができない痴呆性老人，精神障害者，知的障害者と一緒に住んでいる高齢者などの現実が見落とされており，自己責任ではすまされない現実があるので，情報活動もこうした情報弱者に重点的に展開する必要がある。公平性の問題に関しては，低所得者がサービス利用を抑制する傾向にあることは前から指摘されているが，生活保護法や家族の恥意識も絡んで解決できないでいることを指摘する。

これらの討議を得て，小川全夫九州大学大学院教授は次のように総合コメントを発表した。

アメリカは日本よりも早く高齢化していたが，日本は1990年から1995年の間にはアメリカの高齢化の水準に追いつき追い越し，2000年にははるかにアメリカを追い抜いてしまったことがもうすぐはっきりするだろう。そしてさらに，日本では，戦後生まれの団塊世代が高齢化することで，アメリカよりも早く人口高齢化のピークを経験すると推計されている。現在日本政府は，公的介護保険制度の導入を始めとして，健康保険制度や年金制度の改革に取り組む姿勢を示している。だが，それだけでは，団塊世代が高齢化する事態への対応ができているとはいえない。

タカムラ氏の基調講演は，アメリカ政府がベビーブーマー世代の高齢化を予測して，既にいろいろな取り組みを始めているが，それを具体化するには，さまざまな困難が立ちはだかっていることを指摘された。

だがそんな困難な中で着手された「家族介護者支援プログラム」は，高齢者を介護する家族と若い子供の世話をする高齢者に向けた連邦政府の支援策である。これによって，家族に対して適切な情報を与え，援助し，休息の機会を保障し，介護者教育を行い，支援団体を組織し，カウンセリングを行えるようになったという。この話は，これからの日本にとってもきわめて重要な論点を提起するものであった。

政治の混迷は，将来を見越した取り組みにとって厄介なことだが，「高齢化は待ってはくれないのだから，政治的現実を乗り越えて，取り組まなけ

ればならないことがある」と，われわれも強く共感する。

　ムーン准教授の報告は，タカムラ氏が紹介された家族介護者支援プログラムの必要性を，別の面から浮き彫りにしたものであった。高齢者虐待が生じるのは，世代から世代へと引き継がれる暴力的行為様式，高齢者の家族への依存状態，高齢化や高齢者のニーズへの無知などの要因が関わっているようだという指摘は，重要である。

　ようやく日本では，家族という密室において生じている問題について，児童虐待がマスコミを賑わせる時代を迎えている。また一部では妻を被害者とするドメスティック・バイオレンスについての電話相談などが脚光を浴び始めている。だが，高齢者虐待の問題については，ようやく一部で調査報告が出始めているだけである。

　社会を変革するといいながら，政治にはびこる暴力と無視。しつけをするといいながら，教育現場にはびこる暴力と無視。規範を守らせるといいながら，行政や警察にはびこる暴力と無視。こんな社会を後に生み出してきた世代が，高齢者となった時出会うのが，この虐待なのだとしたら，今われわれは非常に危険な状態にあることに気づかざるを得ない。

　河野教授は，日本でも，自立した高齢者を前提にした契約やサービスの利用を前提にする時代になったことを指摘する。だが，現実的には自立できない高齢者がおり，サービス利用に不満を感じる人が必ず出てくる。このような場合に支援できる仕組みとして，成年後見人法や，福祉サービス利用援助事業などが助けになる。そしてこれからは，サービス利用者の立場に立って，弁護活動をすることが審判することよりも重要になるのだという指摘がされた。

　団塊世代は，現在は自分達の親の老後を見なければならない年齢にさしかかっている。まず自らの親の自立と尊厳の状態をどう守ればよいのかを考えなければならないだろう。また自らの周囲にいる高齢者の自立と尊厳に対して，関心を払うべきだろう。それがいずれわが身の老後の自立と尊厳を考えるための試金石である。ムーン博士の報告，河野教授の報告は，

まさにこの問題をめぐる論点を浮かびあがらせたものといえる。

　ウォーレス教授の報告は，日本の医療保険・公的介護保険制度とは異なる仕組みを持つアメリカの2つの制度，メディケアと HMO を少し理解しておかないと分かりにくい。とかくこうした制度を評価する時に，費用対効果，モラル・ハザード，利用と満足の面から考えられる傾向にある。しかしウォーレス教授は，むしろ利用者の立場から，公平性の面からの評価を取り入れる必要があることを強調された。利用者の中にも，エスニシティごとの差があることを指摘されたのである。さしずめ日本では，おそらく地域差や職業差などが大きいであろうし，今後は日本在住外国人との差の問題も大きくなるだろう。

　日本でも，これから医療保険が改革されることは間違いない。団塊世代は，年金の面でこれまでの2階建年金から日本版401ｋを含む3階建て年金の時代に老後を迎えることになる。公的介護保険という新しい社会保険が成熟した時期に老後を迎えることも確かである。だが医療保険の面でも，これまでとは異なった制度の中で老後を過ごさなければならなくなることをしっかり考えなければならない。

　現在，日本ではようやく厚生省と労働省が統合されて厚生労働省ができた。そしてそこには，政策評価のセクションが置かれるようになった。そして会計監査や行政監察に加えて，政策の説明責任を果たすために，政策や事業（プログラム）やサービスの「評価」を行うことを明らかにしている。だがその評価の方法論は，あまりにも未成熟である。これからの評価研究は，ウォーレス教授が行ったようなきちんとした評価法に基づいて行う必要がある。団塊世代が評価の方法論を身に付けて，積極的に政策や事業やサービスの評価に関われるようになれば，ニューエージングの時代は，まさに古いものへの破壊や不満だけに留まらない創造に向かうのではないだろうか。そしてそれは，日米だけでなく，今後急速に高齢化する東アジアを始めとする発展途上国に対する日本からのメッセージとしても重要な意味を持つものになるだろう。

日米研究者協議（ワークショップ）に提出されたレポート（ａｂｃ順）

安立清史,「21世紀の『ニューエイジング』へ向かって」
Gidron, Benjamin, 'The Nonprofit Sector and the Elderly'
伊奈川秀和,「介護保険創設の背景と意義：パラダイムの転換」
河野正輝,「高齢者ケアと権利擁護（アドボカシー）——日本の現状と課題——」
Laszlo, Tony,「日本の地域福祉サービスと『参決』：三段階公共参加モデルの提案」
Lubben, James, 'New Aging Paradigms Are Emerging in the United States'
Mahoney, Kevin J., '"Cash and Counseling Demonstration and Evaluation" and "Home and Community-based Services Resource Network"'
皆川靱一,「ベビーブーマー世代のニューエイジングと日本の動向」
Moon, Ailee, 'Elder Abuse in the United States'
小川全夫,「日本の新高齢化：団塊世代の高齢化による社会変化」
Takamura, Jeanette C., 'Public Policies and Programs for Older Americans in the United States: Challenges and Opportunities'
Wallace, Steven P., 'Equity in the U.S. Health Care System for the Elderly'

第 4 章

ニューエイジングの課題

前田大作

前田大作(まえだだいさく)
プロフィールは第3章参照。

第4章　ニューエイジングの課題

　今回のニューエイジングに関する公開の日米シンポジウム，ならびに非公開の日米研究者協議（以下では，「ワークショップ」と記す）では，数多くの重要な問題が取り上げられ，日米それぞれに固有な状況に配慮しながら討論が行われ，多くの満足すべき成果を上げることができた。東京都と福岡市で行われた公開シンポジウムの成果の概要は第3章で紹介されたので，ここでは非公開ワークショップで取り上げられた問題のうち，日本の読者が関心をもつと思われる問題を中心に，協議された内容の概要を紹介する。

近未来の人口高齢化──日米両国に焦点をあてて──

　ワークショップは，両国の今後数十年間の人口高齢化の動向についての情報の交換からはじまった。そこで明らかになったことは，両国の近未来における人口高齢化の様相には顕著な違いがあるということである。まず第1に，日本の人口高齢化の方がはるかに早くすすみ，また高齢化の度合いも常にアメリカよりはるかに高い。表2（本書24頁参照）に見られるように，すでに2000年の時点で，日本の人口高齢化はアメリカよりも約5ポイント上回っている。しかもこの差は徐々に広がり，2050年には10ポイントあまりにも拡大する。2050年においてアメリカの高齢人口の比率は21.7％と予測されているが，この水準に日本はあと数年で達してしまう。これだけの差があると，単に数量的な違いだけではなく，質的にも両国の高齢化には差が生ずる可能性がある。

　日米の高齢化の今後の進行にこのような差がある理由は，日本の出生率が，過去もまた今後も，アメリカと比べて顕著に低いことにある。このことが両国の人口高齢化の第2の相違の原因となっている。すなわち日本は少子高齢化という言葉そのままに人口高齢化がすすむのであるが，そのた

め日本の総人口はまもなく縮小を始める。日本は総人口の縮小の中で高齢化が進んでゆくのである。

　ワークショップでは，時間の不足からこのことについてこれ以上の討議は行われなかったが，日本の高齢者問題が比率の高さとあわせて，別の側面で非常に深刻な問題をもたらす可能性のあることを予見させる。すなわち，総人口の縮小は，特別の対策をとらない限り，総需要拡大の早さを抑制するであろう。拡大の早さの抑制どころか，総需要の縮小をもたらす可能性すらある。これらの結果はいうまでもなく経済規模の拡大の抑制，もしくは縮小である。このことは人口高齢化対策のための公的資金の額の拡大の抑制，ないしは縮小をもたらす可能性が高い。

　それに加えて，高齢者対策の中でもっとも重要視される要介護高齢者対策に必要とされるマンパワーの不足をもたらすであろう。つまり，金も人手もないという状況に直面する可能性が高いのである。日本の人口高齢化対策は，政策の基本的な見直しがない限り，非常に困難な事態となるであろう。どうすればよいのか，早くから研究し，準備する必要がある。一方アメリカは当分の間，人口縮小の可能性はなく，したがってよほど経済政策で失敗しない限り，経済規模の縮小をおそれる必要はない。また介護労働力の不足を心配する必要もない。現在アメリカは空前といってよい好景気で完全雇用にかなり近い状況にあるが，基本的にはアメリカの雇用率は，日本と比べてやや低く，それにくわえて近隣国からの労働力の流入があるので，介護労働力についてはその質を問わなければ不足に悩むことはないであろう。また介護労働力の質についても，かつてとは異なり，最近は対策も立てられているので，再び大きな問題をおこすことはないと思われる。アメリカがベビーブーマー世代の高齢化を，かなり楽観的にとらえようとしていることにはこのような背景がある。日本が，安易にアメリカと同じ楽観主義の立場をとることには問題があることを知っておく必要がある。

行政の責任と限界──NPOに期待される役割──

　今回のシンポジウムとワークショップでは，人口高齢化とともに増加してゆく高齢者のための保健・医療・福祉サービスにおける行政の責任と限界についての討論にかなりの時間が割かれた。このことに関連してもっとも大きな話題となったのは，行政とは別の立場で高齢者対策の推進の役割を果たすNPO，あるいは行政が直接やりにくいような役割を補完的に果たすNPOについてであり，日米の間で熱心に情報交換と討議がおこなわれた。

　日本では，最近社会福祉サービスの供給において，民間セクターへの期待が大きくなっており，とくに公的介護保険制度においては，行政は原則として保険者としての役割を果たすにとどまり，サービスの供給については営利企業を含む民間セクターに任せるという方針をとっている。民間セクター重視という方向はいずれは高齢者保健福祉の領域以外にも波及してゆくことは間違いない。しかし，民間セクターという場合，すべてを営利企業に任せてよいのか，という疑問が当然生じ，それにこたえる形で日本でも高齢者保健福祉サービスの供給に参入するNPOが急速に増加している。

　一方アメリカは，その立国の経緯から，もともと民間の自主的活動が非常にさかんな国であり，高齢者福祉の分野でもすでに数多くのNPOが活躍している。このようなNPOが，今後急速に進む人口高齢化に対応して，どのような役割を果たそうとしているのか，また果たすことができるのか，日本側の参加者はアメリカの動向からできるだけのことを学ぼうと期待していた。

　今回のシンポジウムとワークショップには，アメリカのみでなく国際的にもNPO研究の第一人者として知られており，現在イスラエルのベングリオン大学からUCLAに客員教授として滞在中のベンジャミン・ギドロン

氏が参加され，アメリカにおける高齢者関連NPOの現状について詳細な報告をされた。

ここではギドロン教授の報告の中から，日本にとって特に有用と思われる部分を紹介しよう。ギドロン教授によれば，アメリカの高齢者関連のNPOは，その目的，性質から次の3種類に分類できるということである。すなわち

① 機能による分類：サービスの供給か，代弁（advocacy）か，資金助成か
② 目的による分類：公共の利益か，民間の利益か
③ 組織形態による分類：社団法人か，非法人の協会組織か，財団法人か

またその社会的機能から，NPOは次の4つに分類できるという。

① サービスの実施
② 社会変化，改革のための運動の展開
③ 民主主義の擁護，促進のための活動の推進
④ 特定のニーズ，あるいは関心を表明するためのメカニズムとしての機能を果たす。

なお，公的機関あるいは営利企業とNPOを分ける特色として，ギドロン教授は，複数の財源をもつこと，特に寄付金とボランティア活動を重要な支えとしてもっていることが特徴であるとしている。

ギドロン教授は，最近のアメリカにおけるNPOと高齢者との関連についての調査結果を紹介し，高齢者は若い世代よりもNPO活動に参加する率が高いこと，またNPOに参加している高齢者の中では，高齢になってから参加した人よりも，若いときからそのような活動に参加をしてきた高齢者の比率が顕著に高いという興味深い報告をされた。

このギドロン教授の指摘は，日本の研究者の注目を引いた。というのは，アメリカでは高齢者のボランティア活動やNPOへの参加が日本と比べて非常に活発であるが，その原因が，かなりの程度アメリカでは若いときか

らボランティア活動やNPO活動に参加している人が多いことに求められるということだからである。日本の場合，最近では若い人たちのこのような活動への参加は活発であるが，日本のベビーブーマー世代，すなわち団塊の世代がそのようなことについて，それ以前の世代とくらべて活発であるとは言い難い。したがってよほどの努力をしないと団塊の世代の高齢化は，高齢人口の急増をもたらすのみで，新しいパラダイムを生み出すことにはなりそうもない。日本社会としては，団塊の世代が高齢化してゆくのを漫然と眺めるのではなく，新しいパラダイムを生み出すような働きかけを意識的にやっていく必要がある，ということが日本側の参加者の間から指摘された。

ギドロン教授によれば，高齢社会関連のNPOは以下のような3つの基準で分類できるという。すなわち，
① 高齢者自身によって組織されたものであるか，それとも高齢者のために（主として他の世代の人たちによって）組織されたものであるか。
② 虚弱，あるいは障害を持つ高齢者（日本的にいえば要介護高齢者）のための組織か，それとも健康な高齢者のための組織か。
③ サービス提供のための組織か，代弁のための組織か，それとも資金助成のための組織か。

ギドロン教授は，上記の分類にそって，アメリカで活躍しているNPOの具体例をいくつか紹介された。その中から日本には類似の機能をもつ組織がないものを紹介しよう。

AARP：American Association of Retired Persons アメリカ退職者協会[1]
アメリカで最大の高齢者関連NPOであり，会員数は3,400万人を超す。50歳以上の人であればだれでも加入できる。主要な目的は，高齢者の生活を守り高めるための各種の事業を行うことで，"To serve, not to be served"（「サービスを受けるためでなく，サービスをするために」）をモットー

としており，高齢者に処方薬を低廉な価格で通信頒布するなど，多様な事業を行っている。また代弁機能についても活発で，政治的にも大きな影響をもっていることで知られている。この団体が会員のために発行している"Later Maturity"という雑誌は，アメリカ屈指の発行部数を誇る有力定期刊行物として有名である。アメリカは先進工業国の中で，雇用における定年制度を持たない唯一の国であるが，この「雇用における年齢差別禁止法」の制定にあって AARP は非常に大きな役割を果たした。

　AARP についてさらに詳しく知りたいかたは下記の書物を参照されたい。

『高齢者 NPO が社会を変える』田中尚輝・安立清史著，岩波書店，岩波ブックレット No.523，2000 年 11 月発行

Gray Panthers：グレイ・パンサー（直訳すれば「灰色の豹」）

　日本でもこの組織のことは比較的よく知られている。この組織の名前は 1950 年代に女性の地位向上のために大活躍した「ピンク・パンサー」（「ピンク色の豹」）の名前をもじってつけたもので，高齢者の地位向上のための各種の運動を展開する社会運動組織であり，年齢を問わず趣旨に賛同する人はだれでも加入できるが，メンバーの多くは高齢者である。現在でも高齢者の権利の擁護や社会的地位の向上のための活動を活発に展開している。

Meals on Wheels：ミールズ・オン・フィールズ（直訳すれば「車の上の食事」であるが，「配食サービス」のことである。）

　アメリカでは，外出が困難な高齢者のためにボランティアが毎日食事を届けるサービスが，全米各地で様々な NPO によって行われている。通常は，材料費程度の費用を寄付の形で負担してもらう。このサービスが果たしている役割は非常に大きく，このサービスがなければ，いまよりもはるかに多くの高齢者が施設に入居しなければならないので，高齢者の福祉のために貢献すると共に，国家財政にも大きな寄与をしているといわれている。

National Senior Citizens Law Center：「全米高齢者法律相談センター」

　高齢者のための法律相談，法律に関連した情報の提供を行い，また必要に応じて相談者のために代弁活動を行う民間組織であり，低所得の高齢者は低廉な費用，もしくは無料で利用できる。全米各地に，主として弁護士会の有志メンバーによって開設されている。アメリカは多民族国家であり，日本のように慣習に従って生活していれば何とかなるというわけにはゆかない。つまり契約の国であり，高齢者といえども契約をないがしろにしていてはどのような損害を受けるかわからない。そのためこのセンターは日本人には想像しにくいほど大きな役割を果たしている。

Family Caregiver Alliance：「家族介護者連盟」

　この組織は在宅で生活している要介護高齢者を介護している家族を支えるための様々な活動に加えて，これらの家族介護者や要介護高齢者のための代弁活動 advocacy を行うことを目的としている。日本の「ぼけ老人を抱える家族の会」と類似の組織であるが，はるかに強力で活発な活動を展開している。

AARP Andrus Foundation：AARP・アンドラス財団

　先に説明した AARP が設立している財団で，その機能は高齢者にかかわる問題についての研究活動に資金助成を行うことである。高齢者のための研究活動を助成する民間組織の中ではずば抜けて大きな財団である。日本でもよく知られている南カリフォルニア大学(USC)のアンドラス老年学センター（Andrus Gerontology Center）は，この財団の助成によって設立されたもので，現在でもその主要な援助団体となっている。この研究センターはアメリカ最大の民間高齢者問題研究所で，基礎生物学から社会学，社会福祉学におよぶ広い領域にわたって多くのすぐれた研究者を擁し，多大の成果を上げている研究所として世界中によく知られている。

超高齢社会の到来に備えて日本の高齢者虐待対策は
いかにあるべきか

　今回のシンポジウムとワークショップには，アメリカから高齢者虐待問題についての著名な専門家であるUCLAのムーン准教授が参加され，その報告は会議の成功に大きく貢献した。

　日本では高齢者虐待といえば，とかく老人ホームなどの施設でのことと思いがちであるが，少なくともアメリカの例で見る限り，高齢者虐待は地域社会で，しかも家族によって虐待されているものが大多数であり，施設での虐待はわずかでしかない。これは高齢者虐待の半数近く（48.7％）が，"ネグレクト"（neglect）（世話を必要としているにもかかわらず，全く世話をしなかったり，不十分な世話しかしないことをいう）であることによる（ムーン教授の報告による）。日本では，虐待といえば，叩いたり，食事を与えなかったり，など，積極的，意図的な行動のみと考えがちであるが，高齢者にとっては"ネグレクト"も，時には命にかかわる重大な虐待行為である。日本の専門家の間でも，もしこの"ネグレクト"を含めて虐待の調査をすれば，日本でもかなりの虐待ケースがあると思われている。

　この問題が今回のニューエイジングをテーマとする日米シンポジウム，ワークショップの議題として取り上げられた理由は，人口高齢化の進行と共に，高齢者の親族関係に徐々にではあるが深刻な変化が生じつつあり，そのような変化が今後日本はもちろんのこと，アメリカでも加速しつつ進行し，それに伴って高齢者虐待ケースも増加してゆく可能性が高いと危惧されているからである。ニューエイジングというキーワードは，本来，進行しつつある人口高齢化を肯定的，積極的にとらえ，前向きに対策を考えてゆこうというものではあるが，だからといってその裏側に潜む問題を無視してよいということにはならない。

　地域社会に住む高齢者への虐待が今後増えてゆくであろうという予測の理由は，アメリカでも日本でもほぼ同じである。すなわち，高齢で要介護

の配偶者を，同じく高齢の配偶者が世話をするという事例が急速に増えてきていること，また90歳を超す超高齢の要介護者を，体力も気力もすでに衰え始めている高齢の息子や娘が世話をするという事例が増えていること，少子化の影響で，心身が衰えて自立が困難となった老親を，単身の息子，あるいは娘が一人で支えなければならない場合や，要介護高齢者が心身に障害のある息子や娘に依存して生活せざるを得ないような事例が増えてきていること，現代社会では多くの家庭で両親と子どもとの関係が様々な理由で複雑となり，かつ希薄化する傾向にあり，そのため親が高齢者となったときの子どもの親への思いが，かつてとはかなり質的に異なる場合が増えていること，などである。また今日では，娘，あるいは息子の配偶者も，職業をもっている場合が多く，中高年の既婚女性は老親のケア，子ども（あるいは孫）の世話，職業，という3つの負担の板挟みになって，精神的余裕を失いがちである。上記のような様々な状況では，必要とされるケアを十分にできない事例，ストレスから感情を抑えきれなくなり，つい手荒に扱って怪我をさせてしまうような事例，さらにはかっとなって思わず暴力をふるうなどの事例が増えてくるのは，残念ながら予測しておかなければならない今後の傾向ということができる。

　日本でも，居宅生活をしている高齢者の虐待問題は一部の専門家の間では以前から注目されており，細々ではあるが調査もなされてきているが，一般社会の関心は非常に低く，公的な対策はほとんど何も立てられていない。一方，人権問題について日本よりもはるかに意識の高いアメリカでは，かなり前から，ほとんどすべての州が，医師，保健婦などの専門職に虐待ケースを発見した場合の通報義務を課して，通報のあったケースについては公的機関が必要な措置を講ずることとしている。日本では，これまでは高齢者のための福祉サービスの充実が遅れていて，そのような通報義務を課し，被虐待ケースの発見につとめても，具体的な救護の措置をとるのが困難であるということも理由となって，公的な対策を立てるに至っていない。しかし人口高齢化と上記のような社会変化は，加速度的に進行してい

る。実際東京に2ヵ所設けられている，いわゆる高齢者の"駆け込み寺"では，最近利用者が急増して対応に苦慮しており，今後も虐待される可能性が高いケースについても，老人ホーム不足と法制の不備によって元の家族のところに返さざるを得ない事例が多く，担当者を苦しませている。日本でも早急に本格的な公的施策を講ずべき時期にきている。

なお一言付言しておくと，新しい成年後見制度ならびに併せて実施された地域福祉権利擁護制度は，虐待防止と多少の関係はあるが，高齢者虐待対策そのものではない。この2つの制度はもとより非常に重要なものであり，その充実発展に力を注いでいかなければならないが，これとは別に高齢者虐待対策も早急に実現を図るべきである。

アメリカの新しい在宅高齢者サービス・プログラムの実験と日本への示唆

アメリカが非常に進取の気性に富んだ社会であることはよく知られていることであるが，在宅高齢者対策の面でも，次々と新しい試みがなされるので，研究者はその動向から目を離すことができない。今回のシンポジウム，ワークショップで注目されたのは，Cash and Counseling Demonstration and Evaluation (CCDE) という新しい実験的デモンストレーション事業である。

この事業は，簡単に説明すると，在宅高齢者や障害者のための介護，家事援助サービスを，希望者に対しては，現在の現物給付から現金給付に切り替え，そのかわりに相談事業を行って給付される現金の利用の仕方，またその他の生活上必要なことについて相談に乗り，指導をする事業を実験的に実施し，その結果を科学的に評価して，本格的に取り入れるべきかどうかを調べようという事業で，アメリカの3地域で実施中である。

在宅の高齢者や障害者への介護，家事援助サービスについて，希望する人に現物給付でなく現金給付を行うというやり方は，部分的にはすでに北欧諸国では実現しているが，アメリカではこのようなやり方はこれまで行

われてこなかった。日本ではこのようなやり方については専門家の間でもほとんど話題になっていないのが現状である。

アメリカでの上記の実験事業では、サービスの対象となる高齢者や障害者を無作為で従来通りの「現物給付」のグループと、実験事業である「現金給付プラス相談・指導事業」のグループの2つにわけ、一定期間の実施のあと、大規模な評価調査を行ってその結果を見ようというものである。

この実験計画は、日本の研究者にとって2つの意味で注目される。1つは、日本ではこれまで生活保護をのぞけば、福祉サービスといえば現物給付が当たり前で、そのことについてほとんどだれも疑いを持たなかった。しかし今後の利用者本位の福祉サービスという流れの中では、少なくとも身体障害者の居宅サービスの領域で、北欧諸国ですでに実現している現金給付を望む声がいずれは大きくなることは必至である。アメリカでの実験事業の結果の公表が待たれる。

もう1つ注目すべきは、この実験事業が大規模な評価調査を伴って行われることである。日本でも、公的介護保険の実施に伴って、"評価"ということがにわかに注目されるようになったが、現在までのところ、サービス機関による自己評価のための評価方法の研究が行政ベースで行われてはいるものの、第三者機関がサービス機関の行う複数のサービスの質を客観的に調査し、比較、評価する研究は、これまでのところほとんど手がつけられていない。まして目的はほぼ同じであるが異なった方法をとる異種サービス間の比較評価ということになると、全く行われていないのが日本の実情である。

日本の保健福祉サービスは、これまでは、欧米先進国に追いつくことを至上命令として、欧米先進国で行われていることは、日本的に少しの手直しをして受け入れ、実施すればよかったので、異種サービス間の評価の必要を感じることはあまりなかった。しかし、日本の保健福祉サービスも、量的にはなおかなり立ち後れている部分があるものの、実施しているサービスの種類では欧米先進国と変わらないところにきている。それに加えて、

公的介護保険の導入により，少なくとも高齢者在宅サービスの領域では，量的にも，欧米諸国の平均的レベルに到達することはごく近未来のこととなった。ここまでくると，日本でも保健福祉サービスの評価について，自己評価のためのチェックリストを発表して"こと足れり"としているわけにはゆかない。それでは，かつて製造業の領域でいわれた"物まね日本"という批判を，今度は保健福祉サービスの領域でいわれるのを甘受しなければならない。

アメリカですすめられている"Cash and Counseling Demonstration and Evaluation"のような事業を，日本でも積極的に展開して，保健福祉サービスの発展に国際的に貢献することを始めるべきである。

家族介護支援の視点

日本では，高齢者は原則として家族が介護し，やむを得ない場合に社会がかわって介護するということが当然のことと考えられてきた。そのために高齢者福祉サービス発展の初期の段階では，介護家族を支援するという考えはあまりなかった。だがこの考え方には無理があるということで，国の施策として家庭奉仕員派遣サービス，短期入所サービス，デイサービス，在宅介護支援センター，また自治体独自の事業として訪問入浴サービスなどが次第に発展した。ただし，家庭奉仕員派遣事業は，発足後長い間対象は適切な介護を受けることができない低所得高齢者に限定されており，介護する家族のある一般世帯の高齢者を対象に含むようになったのはずっと後のことである。なお対象拡大後も自己負担の額が大きいため派遣を望む世帯がごく少なく，また奉仕員の不足のため実際には介護家族がいる一般家庭の高齢者のための派遣数は，微々たるものであった。

日本の介護家族支援のための政策は公的介護保険の実施により一気に発展し，介護家族があることは，介護保険の利用に当たって一切考慮されないこととなった。

第4章　ニューエイジングの課題

　一方アメリカでは，家族介護のあり方そのものが日本とは大きく異なる。具体的にいうと，成人した子どもが高齢者と同居する比率は非常に低く，全米どこの地域でも５％を超えることはほとんどない。しかも高齢者が成人した子どもと同居しているのは，ほとんどの場合，子どもが親の世話をするためではなく，何らかの理由で自立した生活を営むことのできない子どもを親が世話するためである。したがって，アメリカでは高齢者の家族介護といえばこれまで配偶者による介護を主として意味していた。

　しかし，見方を変えれば，アメリカにおいても，子どもが家族介護者として，日本と同じとはいわないが，かなり大きな役割を果たしていることは，学者，研究者によっては早くから認識されており，介護の困難度を度外視して，件数だけで見るならば，アメリカでの高齢者介護の85％以上は配偶者と家族によってなされているといわれてきた（タカムラ氏の報告から）。

　したがって，少なくとも子どものうちの一人は，同居はしないが親の家のすぐそばに住んで，可能な限り親の世話をすべきであると考えられており，それが人間として当然の義務であるとされてきた。

　そのため，高齢夫婦世帯への公的援助は早くから発達したが，世帯を別にする子どもによる世話や介護については，当然のことを可能な範囲内でしているという考えから，公的支援をする必要があるという声はあまり聞かれなかった。だが実際には非常な無理をして近くに住む老親の介護をする子どもはたくさんあった。日本の実情に通じているアメリカの社会老年学者のなかには，日本と違って別居しているために，日本の子ども以上に大きな負担を担っている人も決して少なくないと指摘する人すらあった。ただしこのようなことは，アメリカでは少なくとも社会的に強制されるものではなく，子どもの側の親への愛情の発露であるという見方から社会的援助の必要を訴える声は最近まであまり聞かれなかったといってよい。またアメリカでは，ナーシングホームの利用について日本ほど強い忌避の感情はなく，そのため寝たきりとなって排泄の世話を全面的に必要とするよ

うになった高齢者を，なおも家庭で家族に世話をさせるというような考え方はなかったといってよい。つまりそのようなことを家族に強いることは，とりもなおさず，社会，あるいは公的機関が"ネグレクト"，を家族に強制することにつながることと考えられてきた。そのため，介護家族への援助の必要性が強く感じられてこなかったのである。

しかし，最近のアメリカでは，高齢者介護の国際的動向，たとえばドイツや日本における公的介護保険制度の実現に見られるような，高齢者介護の社会化の動向の影響から，家族の抱える問題を無視したままではならないということになり，家族介護者支援のためのプログラム National Family Caregiver Support Program（NFCSP）が，2000年11月に高齢アメリカ老人法 Older Americans Act の Title IIIE として制度化された。このプログラムは，高齢者の世話をしている家族介護者と，家庭で幼児の主たる養育責任者としての役割を果たしている高齢者の両方を対象としている。今回のシンポジウムとワークショップでのタカムラ氏の説明によると，このプログラムは一般的に女性，ベビーブーマー世代の人たち，高齢者の家族，そしてまた高齢者自身に利益をもたらすだけではなく，高齢の家族を世話している人たちを雇っている雇用者にも利益をもたらすものであるとのことである。

プログラムの内容は，国際的に見れば特に目新しいサービスを始めたというわけではなく，またアメリカ国内においても，すでにかなりの数の自治体やNPOによって取り上げられ，実施されていたものを連邦法の中に取り入れ，財政的に支援することによって全国的なプログラムとして展開することを目指したものである。具体的には，家族介護者のための情報サービス，援助機関に橋渡しするための具体的な援助，休息サービス（日本の短期入所サービスとほぼ同様のプログラム），介護技術の研修訓練，サポート・グループ，カウンセリング・サービスなどである。

このプログラムの意義は，実態としては家族に大きく依存していたにもかかわらず，建前として介護は社会の責任という立場をとり，家族介護者

のための援助プログラムをもたなかったアメリカが，明確に家族の努力を正当に評価し，その負担を軽減しようという方向に踏み切ったことである。これまで公的介護保険以前の日本とは正反対の方向の施策——つまり老親の介護について子供には期待しない，期待すべきでない——をとっていたアメリカが，その方向をやや変えたということである。一方日本も，もっぱら家族責任主義で押し通すことの不可能を悟り，公的介護保険制度により介護の社会化に踏み切ったのであるから，これまで大きく離れていた両国の施策が，かなり近づいてきた，ということができよう。両国の人口高齢化の進行，特にベビーブーマー世代（団塊の世代）の高齢化の結果の予測が，両者を近づけたといってよいのではなかろうか。

サービスの公平性評価の問題

　日本の公的保健福祉サービスは，原則として無差別平等に給付され，自己負担を支払うのが困難な場合には減免の措置を講ずるという方式が一般的なので，いわゆる僻地とか離島でのサービスへのアクセスが問題にされてはきたが，それ以外のことでサービスの公平性が問題にされることはあまりなかった。

　しかし，アメリカでは民族間，階層間などでのサービスの公平性が問題にされる。今回のシンポジウム，ワークショップでは，UCLAのウォーレス教授から，高齢者医療の領域における公平性の問題について非常に重要な報告があった。その報告の内容を正確に理解するためには，複雑なアメリカの高齢者医療の仕組みをきちんと把握しておく必要があるので，ここでは説明を省略し，ウォーレス教授の報告の結論だけを紹介すると，要するにアメリカの高齢者医療の現在の仕組みでは，アフリカ系アメリカ人，並びにラテン系アメリカ人は，数多くの調査項目で，有意に不利，あるいは低いレベルであるということである。すなわち，①健康の自己評価レベル，②ADL尺度のレベル，③サービスの満足度，④サービスへのアクセ

ス，などのいずれの項目でも，低いレベルにあるということであった。なお第4項の「サービスへのアクセス」というのは，教授の調査では「かかりつけの医師がいるか，定期的に受診しているか」によって測定されている。なおこの項目に加えて，教授は「費用の高さが原因で医師にかかるのを遅らせたことがあるかどうか」ということも調査しているが，この項目でもアフリカ系アメリカ人やラテン系アメリカ人には，「遅らせたことがある」という回答をした人の比率が有意に高いとのことである。

　日本側の参加者からは，日本でも医療受給における社会階層間の不公平の問題が，かつて公衆保健学研究者や社会福祉学研究者から，綿密な調査結果をもとに提起されたことがあるが，行政からは全く注目されず，何の対策も立てられないままに放置されているという発言があった。日本では，最近，高齢者医療の構造上の欠陥という基本問題に識者の関心がもっぱら集まり，制度がかかえる不公平性の問題が議論されることはほとんどないのは残念なことである。基本問題の研究と並行して，サービスの公平性など，サービスの構造，実施方法に関わる問題についても研究者は関心を持ち，必要に応じて世論を喚起する運動を展開する必要があるのではなかろうか。

高齢化対策における国際貢献

　高齢者対策の研究者の間ではよく知られていることであるが，中国は一人っ子政策を長く続けており，今後も大きくは緩和しないといわれているために，高齢化の早さはいずれ日本以上のスピードとなり，高齢化の程度も日本以上となると予測されている。また韓国も現在はまだ若い国であるが，近い将来急速な高齢化の過程にはいることが知られている。

　一般に生活水準が高まれば死亡率が減少し，また他方では出生率が下がるので人口高齢化は，社会の近代化と並行して進むとされている。したがって東アジア，東南アジア諸国で経済発展が進み，生活水準の向上が見られ

る国では，程度の差こそあれ今後は高齢化が進むことは明らかである。具体的には，台湾，ベトナム，マレーシア，タイなどの諸国は近い将来急速な人口高齢化のプロセスに入るであろう。このような諸国に対しすぐ近くにあり，かつ類似した文化をもち，また人口高齢化をもっとも最近に経験した日本が果たすべき責任は重大である。

1）ここでは，AARP を American Association of Retired Persons（アメリカ退職者協会）の略称としたが実は正確ではない。現在の AARP は，中高年者の組織ではあるが，必ずしも退職者ばかりが加入している組織ではなく，また退職者の利益のみを図って活動しているわけでもない。そのような理由から，AARP は最近，正式な名称を American Association of Retired Persons から，AARP と変えた。つまり，Sony が何かの略称ではなく，会社の名称であるように，AARP は略称ではなく，この団体の正式の名称である。

第 5 章

ニューエイジングの展望

伊奈川秀和
荒瀬泰子
河野正輝
皆川勲一
トニー・ラズロ

伊奈川秀和（1．）
<small>いながわひでかず</small>

九州大学大学院法学研究院助教授

専門：社会保障法

東京外国語大学外国語学部フランス語学科卒業。厚生省を経て現職。著書・論文に『フランスに学ぶ社会保障改革』（中央法規出版），「医療制度」（社会保障研究所編『フランスの社会保障』東京大学出版会），「社会保障の行政機構・財政」（『新現代社会保障法入門』法律文化社）など。

荒瀬泰子（2．）
<small>あらせやすこ</small>

福岡市南区保健福祉センター所長，南保健所長，南区社会福祉協議会常務理事

九州大学医学部卒業。九州大学病院第三内科，福岡市保健所，衛生局保健予防課長を経て平成9年から福岡市の高齢者福祉行政，介護保険に関わる。平成9年保健福祉局高齢保健福祉課長，平成11年高齢者部長，平成13年4月より現職。

河野正輝（3．）
<small>かわのまさてる</small>

九州大学大学院法学研究院教授

専門：社会保障法

九州大学大学院法学研究科修士課程修了。法学博士(九州大学)。岡山大学教授，九州大学法学部教授を経て現職。日本社会保障法学会代表理事。著書に『新現代社会福祉法入門』（共著・法律文化社），『高齢者の法』（共著・有斐閣），『介護保険法──法案に対する新たな提案』（共著・法律文化社）など。

皆川靭一（4．）
<small>みながわじんいち</small>

共同通信編集委員室次長兼論説委員

青山学院大学文学部英米文学科卒業。共同通信社にて社会，外信，文化部記者を経て，大阪支社文化部長，本社編集局編集委員兼論説委員。1998年より現職。著書に『老人パワー・爆発する世界の第三世代』（ミネルヴァ書房），『どうなる老後・介護保険を考える』（ミネルヴァ書房）など。

トニー・ラズロ（Tony Laszlo）（5．）

フリーランス・ジャーナリスト

UPI通信社，NHKラジオジャパンの仕事を経て，フリー。女子栄養大学・清泉大学非常勤講師。論文に「外国籍住民を含む新しい社会結合」（『現代日本の公共哲学』サイエンス社）など。

1．高齢者政策から見たニューエイジングの可能性

　法律の機能を見た場合，法律が社会を変える面と逆に社会が法律を変える面がある。私見であるが，社会保障法が市民法的な法秩序への修正原理である以上，社会保障に関する限り，社会の実態やニーズに合わせて変化していく側面が大きい。

　その意味で，制度を固定的に捉えず，活力ある高齢社会に合った制度作りを考えていくことが重要である。本稿では，そうした視点から，介護保険を中心に高齢者政策に焦点を当て，ニューエイジングで何が変わりつつあるのか分析を加えることにしたい。

介護保険の必要性と意義

　まず，介護保険が登場した意義を確認的に整理しておきたい。

　その第1は，私的扶養から公的扶養への転換である。従前，介護コストの社会化を措置制度の枠内で実施してきたため，既に家族介護では対応不能となりつつあった介護ニーズは，社会的入院の形で医療の枠内で吸収されてきた。この介護費用を社会保険を通じて社会化することにより，費用・リスクの分散化が図られることになる。

　第2は，利用者本位のサービスへの転換である。行政処分としての措置制度の下では，①サービス量の不足に伴う施設の入所待機，②恩恵的な性格に起因するスティグマ等の問題が発生していた。また，21世紀初めに引退期を迎えるベビーブーム世代のように意識の高い世代にとって，措置制度はふさわしい制度でなくなりつつあった。社会保険方式の導入は，権利性の強化に資すると言われる。この意味は必ずしも明確ではないが，少な

くとも行政による入り口での抑制（事前規制）は解消することになる。

第3は，高齢者介護の数量化・客観化・計画化である。従来の社会福祉は，補助事業，地方単独事業等が併存し，全国にどのようなサービスがどれだけ存在するかさえ把握しにくい構造であった。言い換えれば，明確な目標を設定し，計画的に達成するという構造ではなかった。現在，自治体間の保険料格差や基盤整備量の格差が問題となるが，これは介護保険より前に存在した問題が，介護保険の登場で顕在化しただけである。介護の数量化・客観化・計画化については，既に量的整備目標と予算上の裏付けが一体となったゴールドプランの策定がその基礎を構築していたが，介護事業計画等と一体となった介護保険により，そうした路線は強化された。

以上，要約すれば，介護保険による高齢者介護のパラダイム転換である。将来を見越した場合には，行政主導型の措置制度では，増大する介護ニーズに対応できない。ここにおいて，①提供者本位ではなく利用者本位で，②行政主導型ではなく住民主導型で，かつ，③サプライサイド型（供給が需要を決定）ではなくディマンドサイド（需要が供給を決定）型の福祉への転換をもたらす契機が介護保険である。

社会保険は社会保障の一分野と捉えられているが，それ自体は，むしろ手段であり道具である。社会保険の基本原理を別とすれば，制度の細部はそれほど固定的に捉える必要はなかろう。その点では，介護保険では，これまでの社会保険と異なり，①介護保険事業計画等を通じた住民参加，②ケア・マネジメントやケア・プランを通じた計画的なサービス提供，③国保連合会等を通じた苦情処理等の要素が保険制度に内在化されている。伝統的な行政の枠組みである統治の主体としての行政と統治の客体としての国民とは異なり，国民自身が行政の主体となる部分が強化されている[1]。

介護保険を契機とするサービス提供主体の多様化

提供主体の多様化の背景

　社会福祉の提供主体を巡っては，特別養護老人ホーム経営への民間参入問題や社会福祉法人の在り方が規制緩和との関連で先鋭的に議論されている。これらの問題の重要性を否定するものではないが，主体規制に関しては，冷静な法的な分析が必要である。

　まず，福祉法制における主体規制は，医療と比較すると特徴的な点がある。医療における主体規制は，病院の開設自体が許可制であり，許可要件の一つに非営利がある（7条）。その点では，医療保険の対象となろうとなるまいと，衛生法規としての必要性から，原則として営利目的の病院は許容されていない。これに対して，社会福祉の場合には，営利目的の社会福祉の事業がアプリオリに禁止されているわけではない。社会福祉法上は，第一種社会福祉事業でさえ，許可を得れば，行政および社会福祉法人以外の施設経営が可能である（62条2項）。要介護高齢者の入所施設を例にとれば，一般的には，介護保険の施設給付を実施するのが特別養護老人ホームであって，そうでないのが有料老人ホームというのが基本構造である。そして，介護保険の入所施設である限りにおいて，要介護高齢者の入所施設は，特別養護老人ホームと位置付けられ（老人福祉法20条の5），第一種社会福祉事業として社会福祉法の規制を受ける（2条2項3号）。逆に，介護保険の入所施設としての扱いを受けなくてもよければ，介護サービスを提供するとしても，有料老人ホームとして，少なくとも許可制には服さないことになる。

　一方，第二種社会福祉事業である在宅福祉では，福祉各法は格別，社会福祉法上は，届出義務のみである（69条）。実際，ホームヘルプや訪問看護の分野では，介護保険創設以前から，夜間巡回等において民間事業者や非営利組織が重要な役割を果たしていた。

その意味で，福祉の主体規制は，それほど法的に厳格なものではない。むしろ，措置費を中心とした公費負担・補助制度との関係で，その要件としての縛りがあった面が強い。介護保険は，サービス費用の財源調達を介護報酬に転換することで，サービス提供主体を公費の縛りから解放した。これは，その副次的効果として，提供主体を多様化する基盤を財源面で保障することになる。

　こうして，1996年の老人保健福祉審議会の「高齢者介護保険制度の創設について」の報告の中でも，サービス提供機関については，利用者本位の観点から，①施設サービスについては，現行の事業主体を基本としつつ，②在宅サービスについては，民間事業者や住民坂の非営利組織など多様な事業主体の参加を求めることが提言されることになる。

介護保険を契機とする提供主体の多様化

　介護保険法では，地域の実情に応じて，様々な事業主体の参入を促し，介護基盤の整備を図るため，在宅サービスについて，法人格は有しないが一定の人員および設備要件を満足する事業者についても，市町村の判断で給付対象とすることを認めている（基準該当居宅サービス）。従って，民間非営利組織であっても，NPO法人として法人格を取得すれば，指定事業者として，また，法人格を有しない場合でも基準該当居宅サービスにより，介護保険に参入することができることになる[2]。

　介護保険給付の周辺サービスに目を転ずると，①配食サービス，外出支援サービス等（＝介護予防・生活支援事業）や，②家族介護教室，家族介護者交流事業（＝家族介護支援特別事業）が市町村によって実施されているが，これらの事業については，NPOの関与が可能である。

　今後の高齢化を考えた場合，ボランティア活動支援も重要である。1993年に，国民が福祉への理解を深め，共に参加し，支え合う福祉社会作りを目指すという思想の下に，ボランティア活動に関する基本指針（厚生省告示117号）が示されている。また，これを受けて，同年には，より具体的

なボランティア活動振興のための重点課題も示されている。国，県，市町村の各段階の社会福祉協議会には，ボランティアセンターが設置され，情報提供等の支援が行われている。

こうした中，2000年に行われた社会福祉事業法等の改正では，これまでの措置制度を大幅に見直し支援費支給方式を導入する等の内容が盛り込まれた。改正の基本概念の一つが地域福祉の推進であり，この面では，

① 社会福祉協議会を地域福祉の中心的な担い手と位置付け，社会福祉事業の経営者のみならず，ボランティア団体等も参加する組織であることを明確化し，福祉活動への住民参加の援助を事業に位置付けるなどの改正
② 地域福祉計画に関する規定を設け，その中で地域福祉活動への住民参加の促進に関する事項を位置付けるなどの改正

が行われている。これにより，公的なサービスとNPO等による住民の自主的な活動との連携が期待される。

ニューエイジング時代の高齢者政策

紙幅の関係で，社会福祉における主体規制に絞って分析を加えた。最後に，ニューエイジング時代の「主体」の在り方について私見を述べることにしたい。

第1は，高齢者をサービスの客体としてではなく，高齢者福祉の主体として立法的に位置付けることである。社会保障は「連帯」であると言われるが，それは社会保障の主体としての国民の連帯のはずである。現行の社会福祉法制の基本構造は，行政から国民への方向の各種作用に関する規定がほとんどである。また，連帯の有り様に関する意思形成過程は，伝統的な議会制民主主義の中で処理されてきた。その結果，連帯の当事者である国民は，法律の表舞台には登場しないことになる。

わが国では，年金の成熟化が進んでおり，年金改革はあったものの，各

自が受け取る年金水準は今後とも増大していくはずである。この結果，高齢者意識の面だけでなく，所得の面でも，高齢者が自立した個人として主体的に自らの福祉社会の形成に参画する基盤ができる。この基盤の下で，連帯の当事者である国民が再度表舞台に登場することが重要となろう。

　第2点は，重層的な福祉社会の構築である。わが国では，行政か民間か，それに関連して，行政の責任か個人の自助努力かといった類の二者択一的で抽象度の高い議論が散見する。しかし，個人を超越する抽象的な国家が実在するわけではなく，行政も生身の人間である公務員の集合体である。そして，個人を円の中心に据えれば，その周りに家族，隣人，各種地域組織，職域としての企業，行政といった様々な集団が存在する。そうであれば，様々な当事者を社会保障の主体として取り込むことが法制的にも必要であろう。

　第3点は，政策立案過程及び立法過程の重要性である。価値観が多様化した時代にあっては，制度を正当化するものは，最終的には合意形成のプロセスの正当性である。介護保険を例に取れば，社会保険方式の正しさを保障するものは，国民的コンセンサス形成のプロセスの正しさである。これは，突き詰めれば，民主主義そのものの本質に関わる。しかし，そこまで大上段に構えなくとも，広範な意見の集約を図る合意形成の手法の開発が一層重要となろう。

　このように，連帯への国民の主体的参加が確保できるか否かが，ニューエイジングの鍵の1つであろう。

　　1）国民が行政の主体として制度運営に参加する枠組みとしては，例えば保健所の運営協議会（地域保健法11条），国民健康保険運営協議会（国民健康保険法11条）があるが，現在の法体系では例外的である。しかも，これらも，地方自治法上は，一般的な審議会と同じ諮問機関としての附属機関（138条の4第3項）である。
　　2）居宅介護支援も含め在宅サービスに参入しているNPO法人は，672(2000年7月現在）で，全在宅事業者の1.3％である。

2．福岡市の挑戦

福岡市の高齢化への取り組み

　福岡市は九州の北端に位置する人口約130万の政令指定都市である。高齢化率は13.5％（全国平均16.5％）と比較的若い都市であるが，高齢化は確実に進行している。

　2000(平成12)年4月から，来る超高齢社会に向け，2つの制度が実施された。1つは介護保険制度で，40歳以上の国民を被保険者とする，介護を社会全体で支えていく仕組みである。この制度は，高齢者が介護を必要とする状態になっても，自己の意思に基づいて必要なサービスを選択し，保健・医療・福祉のサービスを総合的・一体的に提供することにより，住み慣れた地域で自立した質の高い日常生活を送ることができるよう，社会的に支援するものである。全国一律の制度であるが，各市町村が保険者となり，地域の実情にあった運営が求められている。2つめの制度は成年後見制度である。わが国の高齢化は長寿化に伴い後期高齢者（75歳以上の高齢者）が急増しており，痴呆性高齢者も急増していくと予想される。このような判断能力の低下した痴呆性高齢者など，サービスの選択や契約ができない，あるいは財産を含めた自己の生活の管理ができない利用者に対し，その権利を擁護するため，この制度が施行された。これらの制度は共に高齢者の自己決定権を充分尊重しながら，自立を支援していくことを目的とした制度であり，高齢者にとっては必要不可欠な制度である。これらの制度を生かしながら，高齢者が尊厳と生きがいをもって暮らしていける社会をどのように築いていくかが求められている。

各地方自治体においては，活力ある高齢社会の構築に向け，地域の実情に応じて様々な取り組みを展開している。ここでは，福岡市の取り組みとして，医療との連携，保健・医療・福祉の窓口一本化，高齢者の権利擁護を紹介する。

医療との連携

福岡市は7つの行政区に分かれ，それぞれの区に地域保健・医療行政を担当する保健所が設置されている。保健所と市医師会とは，乳幼児健診や成人健診などの健診活動をとおして連携を深め，健康づくりや健康教育等の保健予防活動にも積極的な関わりをもってきたが，高齢者の増加に伴って，在宅医療，在宅ケアにおいてもより一層の連携が求められてきた。そのため1992(平成4)年に保健所は高齢者の総合相談窓口(通称：在宅ケア・ホットライン)を，市医師会は各区に在宅医療委員会を設置し，積極的に高齢者の在宅医療の推進をはかってきた。さらに市医師会は1994(平成6)年には，訪問看護ステーションを設置すると共に福祉相談窓口である在宅介護支援センターを市の委託を受けて各区の保健所内で開設した。これにより保健所の総合相談窓口と医師会の在宅介護支援センターが在宅ケア・ホットラインとして一体化され，医療が必要な高齢者には同時に保健サービスや福祉サービスの提供も行う仕組みが出来あがった。相談のあったケースについては，個々にケース・マネジメントを行い，保健・医療の枠を越えて福祉など他のサービスについてもプランニングし，一体的な提供に努めた。平成6年の実相談人数は3,200人で，その内訳は，虚弱老人31.2％，寝たきり41.1％，痴呆23.7％であった。

保健・医療・福祉の窓口一本化

7つの行政区にはそれぞれに福祉事務所が存在するが，上記の保健所に

おける在宅ケア・ホットラインが市民に評価され，すべての高齢者に対して医療と福祉の窓口を一本化すべきだという議論が始まった。そこで1997（平成9）年，在宅ケア・ホットラインの窓口を保健所内から福祉事務所のある区役所内へ移動させた。さらに翌1998（平成10）年には窓口が区役所の機構に組織変更され，実質的に保健医療・福祉の窓口の一本化が図られた。平成11年度末には在宅ケア・ホットラインの相談窓口数は区役所内に7ヵ所，地域の施設内に7ヵ所の計14ヵ所に拡大された。1998（平成10）年の実相談人数は9,521人で，内訳は虚弱老人48.8％，寝たきり29.2％，痴呆17.6％であり，窓口を新設した当初と比べると大幅に増加している。提供されたサービスは保健2,758件，福祉4,926件，医療924件，地域活動90件，その他895件で総件数9,593件にもおよび，高齢者の総合相談窓口として定着した。

現在は，介護保険制度の実施に伴い，居宅介護支援事業者との役割分担を行い，介護保険を補完する総合相談窓口として，基幹型在宅ケア・ホットライン7ヵ所と地域型在宅ケア・ホットライン16ヵ所の総計23ヵ所において相談を受けている。また，2001（平成13）年4月からは母体の保健所と福祉事務所も統合再編されて，保健福祉センターが設置された。市民サイドに立ち，すべてのサービスを保健・福祉両方の視点でもって提供していくことを目指している。

高齢者の権利擁護

介護保険制度の実施により，契約で自分にあったサービスを選べるという仕組みは一応できあがったが，痴呆性高齢者の介護についてはまだまだ多くの課題が残されている。

1998（平成10）年10月30日，介護療養型施設全国研究会福岡大会で福岡県内10ヵ所の老人病院が中心となり，次のような「抑制廃止福岡宣言」を行った。「老人に，自由と誇りと安らぎを」を合い言葉に，①縛る，抑制

をやめることを決意し，実行する。②抑制とは何かを考える。③継続するために院内を公開する。④抑制を限りなくゼロに近づける。⑤抑制廃止運動を全国に拡げていく。患者の拘束は医療現場では抑制と呼ばれるが，具体的には点滴時などに体の一部を固定したり，あるいは自分では脱げないかぎ付きのつなぎ服を着せたり，病室から出られないようドアを工夫したりと様々なケースがみられる。翌年1999（平成11）年6月には第1回九州・山口・沖縄抑制廃止研究大会が開催され，2000（平成12）年3月には全国抑制廃止研究会が設立されるに至った。高齢者の人権を守り，介護サービスを重視する「縛らない医療」の模索が「抑制廃止福岡宣言」として，福岡から始まったが，その僅か1年半後には，全国へと拡がった。

　この間，抑制をしない病院が増えてきていることは，病院や福祉施設においては経営者や職員の意識が変われば，拘束のない医療や介護が実践できることを意味している。今後はさらに，拘束に限らず，食事や排泄など日常生活全般において，高齢者の人権を充分尊重したサービスが提供されるよう目指していかねばならない。

　事実，後期高齢者の増加に伴い，判断能力の低下した高齢者が急増しており，家庭や高齢者施設等の現場においては，財産侵害や介護放棄，虐待など権利侵害をめぐる様々な問題が生じてきている。

　そのため，本市においては判断能力が充分でない高齢者の権利を擁護することを目的に，金銭管理・財産管理の支援，虐待・介護放棄等への権利侵害への対応などの具体的な方策を研究するため，2000（平成12）年5月，大学等の学識者や弁護士，施設関係者からなる福岡市高齢者権利擁護システム研究会を発足させた。約7ヵ月間にわたり，検討を重ね，同年2月に報告書がまとめられた。今後は，この報告書を基本に本市の権利擁護の仕組みが構築される。例えば高齢者の金銭管理については，2000（平成12）年1月から福岡市社会福祉協議会（あんしん生活支援センター）において，判断能力が不十分ながらも契約能力のある在宅の高齢者に対しては，日常的金銭管理サービス及び書類預かりサービスが国の制度（地域福祉権

利擁護事業）として開始されたが，病院や施設入所者はサービスの対象者となっていないことや痴呆の発症など契約能力の喪失によりサービスが終了することから，本市においてはこれらを改善し，高齢者が安心して使える制度にしていく取り組みを本年度から開始していくことになっている。また，介護放棄や虐待などについても，防止や早期発見，介入・援助についての研究会からの具体的な方策の提言を参考に取り組むことになっている。

　以上，ここでは，高齢社会に向けての本市の取り組みを保健福祉の視点から述べてみたが，今後は，生活，職業，環境など社会全体で高齢社会に取り組むことが求められている。

3．権利擁護の仕組みづくりと日本の課題

　アメリカの UCLA のエイリー・ムーン准教授は福岡シンポジウムにおいて，アメリカにおける高齢者虐待の現状と取り組みについて，明快で示唆に富む報告をされた[1]。私は日本における高齢者虐待の現状と権利擁護あるいは代弁（アドボカシー）の仕組みづくりを報告して，ニューエイジングへ向けた新しいアドボカシーの芽生えを紹介したい。

日本における高齢者虐待の実態

　実は，わが国における高齢者虐待の全貌を全国的に明らかにした調査は，まだ存在しない。しかし，解決の急がれる深刻な事態であることは，つぎの 2，3 の調査によっても推測されている。

　その 1 つは，「高齢者処遇研究会」が全国の介護福祉士 1,000 人を対象に行ったアンケート調査で，その結果は，1998（平成 10）年 3 月に出された「在宅・施設における高齢者及び障害者の虐待に関する意識と実態調査」報告書にまとめられている[2]。それによれば回答者（374 人）のうち，「在宅・施設での虐待を見た」人は 37 ％（138 人），虐待件数は延べ 320 件で，そのうち特別養護老人ホーム等の施設での虐待は 48 ％（154 件）を占め，その 61.7 ％（95 件）が介護職員によるものであった。虐待の形態の大半は，おむつ交換などの排泄介助のときに，つねったり叩いたりする身体的虐待，同じくおむつ交換時などに「よく出るなー，交換する身にもなって！」と嫌味を言う心理的虐待，それに，ナースコールがあっても無視する介護放棄などであった。

　もう 1 つは，「呆け老人を抱える家族の会」が 1998（平成 10）年 10 月に

全国の会員を対象に行った調査である[3]。病院や施設を利用した経験のある家族576人のうち，71％（409人）が「抑制された」と回答している。抑制・拘束の形態を多い順に上げると，①施設の出入口に鍵をかけ外に出られないようにする，②ベッドに手足を縛る，③車いすに体を縛る，④デイルームなど特定の場所に閉じ込める，⑤薬でおとなしくさせる，⑥部屋に閉じ込める，などとなっている。このような抑制がすべて虐待に相当するわけではないが，高齢者の生命・身体の安全のために真にやむを得ないものであったかどうか，また真にやむを得ないとしても，最も制限的でない手段であったかどうかは疑問なしとしない。

なお，国民生活センターが2000年1月から10月までに全国の消費生活センターに寄せられた相談の実態について行った調査[4]は，虐待に関する調査ではないが，介護保険導入後の状況を推測させるものとして興味深い。それによると高齢者の介護契約をめぐる苦情は多様で，かつ何らかの援助を必要とするものである。たとえば，(a)同一の事業者が居宅サービス計画をたて，かつサービスを提供しており，ほかに利用できるサービスはないのかどうかなどのチェックができない。介護の質に不満や不信がある。(b)キャンセル料など費用の請求に納得できない。(c)男性に母のおむつを交換させたくない。(d)自宅では出来なかったのに施設に入ったら床ずれが出来た。(e)介護事故に対する事業者の対応が不誠実だ。責任を認めないことに納得が出来ない，など。これらの苦情相談から，「利用者がサービスを選択できない」，「不当な費用を負担させられる」，「施設での介護に手抜きがある」，「介護事故に対する保証責任があいまい」，などの疑いが浮かび上がってくるようでもある。

権利擁護に関する法制の動向

痴呆性の高齢者など判断能力が不十分な人びとのための権利擁護や，サービス利用者のための権利擁護の法制度は，つぎのとおり，この2，3

年の間にしだいに整備されてきた。
 (1) 民法の改正および任意後見契約に関する法律の制定などにもとづいて，新しい成年後見制度が2000年4月より施行された。
 (2) 社会福祉法の改正にもとづいて，新しい「福祉サービス利用援助事業」が都道府県社会福祉協議会の行う社会福祉事業のひとつとして2000年6月より施行されている。
 (3) 介護保険法の施行につづく社会福祉の基礎構造改革（社会福祉法の改正など）にもとづいて，新しい苦情解決制度が，介護保険については2000年4月より，またその他の福祉サービスについては2000年6月より施行されている。

もっとも，これらは必ずしも高齢者虐待の防止・救済を直接の目的とするものではない。

なお，これらのほかにも，サービスに関する情報提供，自己評価・第三者評価，およびNPOなど民間団体による施設オンブズマンなどのシステムも後述のとおり活動を開始している。

権利擁護の仕組みづくりと当面の課題

以上のとおり，権利擁護に関する法制度は整備されつつある。しかし緊急の課題は，これらを基礎に，いかにして実効性の高い権利擁護を実現するか，そして虐待の未然の防止と救済を図るかということである。つぎの4つの観点から仕組みづくりの課題と試みを指摘する。
 (1) 外部の権利擁護機関を設けるだけでなく，サービス提供者自身による，サービス提供の過程での内部アドヴォカシーが必要である[5]。

少し敷衍して言えば，苦情解決のために，介護サービス苦情処理委員（国保連）や運営適正化委員（都道府県社協）など「外部」の権利擁護機関は，たしかに整備されてきた。しかし，これらの機関を利用するまでもなく，利用者が意見を出し易いように，あるいは言葉にならない苦情を汲み取る

ように，ケア・マネージャーやヘルパーなどサービス提供に携わるスタッフ自身がエンパワーメントの責任をもっと果たせるようにする取組み（前述の「外部」に対して，いわば「内部」の権利擁護に当たるといえる）が必要なのである。科研費補助を受けて，私たちが実施したＦ県のケア・マネージャー調査の過程で出た一事例を紹介すると，「あのヘルパーは仕事がいい加減」とか「お金がなくなった」などという利用者の発言を耳にしながら，当のケア・マネージャーは，そのホームヘルパーからはよく連絡が入っていたので，よい業者だと思い込み，「お年寄りの言うことは本当かどうか分からない」と，そのまま放置した（後で分かったことだが，実際に47万円盗られていた）事例があった。同調査では，時間外勤務が週20時間以上というケア・マネージャーが調査対象の約30％を占めるなど，ケア・マネージャーの慢性的な疲労蓄積の状況が読み取れたのであるが，この事例なども，ケア・マネージャーが疲れすぎてゆとりがないことから起こった問題と考えられる。ケア・マネージャーが，ケア・マネジメントの本来の役割を果たせるような就労環境（ケア・プランの担当数の縮減，ケア・マネージャー報酬の改善，サービス提供事業者からの独立性など）はつくり出せるのかという問題は，権利擁護にとっても看過できない重大な課題である。

　(2)　「直接的」な権利擁護の仕組みのみならず，「間接的」な権利擁護の仕組みを充実させることも重要である[6]。この点についても敷衍して言えば，判断能力が低下した高齢者にとっては成年後見制度や福祉サービス利用援助事業（いわば「直接的」な権利擁護である）は必要不可欠な制度である。が，判断能力がある高齢者の場合には，サービス・施設等に関する情報提供，事業者自身の自己評価および第三者評価の仕組みが権利擁護の上で重要な役割を果たすことになる（前述の「直接的」に対して，いわば「間接的」な権利擁護に当たるといえる）。たとえばＫ市で，痴呆の母親の介護に疲れ果てた長男が，母親を車に乗せ海に飛び込み，心中を図った事件は，施設入所や介護に関する十分な情報が長男に伝えられず，長男が行き場を失ったと感じてしまったことも背景にあったと伝えられた。情報を最も必

要としている人は，同時に情報へのアクセスを持たない人であるということは少なくない。必要な情報を，本人に出前で届けるというきめ細かな取組みが，先進自治体によって開始されており，ここはその迅速な拡がりを期待したいところである。

（3）　苦情解決にあたる委員・担当者は，「裁判官」としての役割ではなく，「弁護士」としての役割を果たすような仕組みと運用こそ必要である。

（4）　法制に基づいて設けられる公的な権利擁護の仕組みは，権利擁護の多様な仕組みや活動のうちの，基礎的必需的なものにとどまるのであるから，それに加えて，行政や事業者から独立した民間の活動が求められる。

敷衍して言えば，法制に基礎をおく公的・制度的な権利擁護の仕組み（前述の成年後見制度や運営適正化委員会の苦情窓口など）は，救急病院のようにどこでも常設しておくべき基礎的・必需的なものである。しかし，それだけで十分なわけではない。むしろニーズに応じた，多様で身近な権利擁護が実効性の高い権利擁護を実現する上で肝心ではないかと考えられる。たとえばピア・アドボカシーといわれる当事者主導の活動，「患者の権利オンブズマン」のような一般市民のボランティアによる活動，社会福祉士・弁護士などの専門家による権利擁護センター等の活動等がそれである。そしてそのような権利擁護は，行政や事業者から独立したNPOなど民間のボランタリーな活動が力を発揮する場でもある。大阪の「ナーシングホーム智鳥オンブズマン」や「介護保険市民オンブズマン機構・大阪」などは，ニューエイジングへ向けた新しい試みとして注目に価するものであり，今後の発展が期待されている。

なお，虐待を受けたり，その恐れのある高齢者のための通報義務，保護義務等については法制上の整備が急がれることを付言しておきたい。

1）　本書53-56頁参照。
2）　永和良之助「福祉施設における人権侵害の実態」福祉オンブズマン研究会編『福祉"オンブズマン"——新しい時代の権利擁護』中央法規，2000年，39頁参照。
3）　同前，43頁参照。

4）国民生活センター『介護契約に関わる相談の実態』（2000年10月）参照。
5）外部と内部の権利擁護については河野正輝「権利擁護法とアドボカシー」河野正輝・菊池高志編『高齢者の法』有斐閣，1997年，136頁以下参照。
6）直接と間接の権利擁護については，河野正輝「『地域福祉権利擁護』の基本課題」『法政研究』66巻2号，1999年6月，467頁以下参照。

4．ベビーブーマーの政治力

断崖の世代

　猛烈なスピードで進展する超高齢・少子化現象。その結果,「団塊の世代」と呼ばれるベビーブーマーたちが高齢世代になる時期には，日本は人口増加社会から一転して「人口減少社会」に突入している。そうした人口構造の大転換の中で，団塊の世代がどのように生き，人口減を前提にした新しい社会経済の仕組みを構築する主役，中核としてパワーを発揮できるのか。団塊の世代の動向を政治力，ポリティカルパワーの可能性に絞って考えてみたい。

　ベビーブーマー世代といっても，日米ではその定義に大きな差がある。アメリカでは概ね1946～64年の19年間に生まれた人々を指す。その数約7,600万人と推定されている。一方，日本では1947～49年の3年間に生まれた約800万人というのが一般的である。双方に共通するのは，言うまでもなく「オレたちが多数派！」と胸を張れる絶対的な数の多さである。

　実際，団塊の世代はその数の多さで常に注目されてきた歴史がある。小学校の朝礼では自分たち新1年生の列だけが異常に長かった。高校時代にはビートルズに熱狂し，受験地獄の狭き門を突破した大学では「全共闘」。結婚した30歳前後のころはニューファミリーと呼ばれた。その団塊の世代も50歳を過ぎた。男性の8割を占めるサラリーマンの多くはバブル経済崩壊後の不況，減速経済のもとでリストラの標的にされている。定年後どころか，どう50歳代を乗り切るかで四苦八苦だ。あたかもがけっぷちに立たされているかのような状況から団塊の世代ならぬ，「断崖の世代」との声も

上がっている。

　それでは困るのである。団塊の世代にこそ、来るべき超高齢・少子・人口減少社会では主役を演じてもらわねばならない。独自の新しい価値観を打ち出し、社会経済システムを活性化してほしいというのが国民の願いでもある。

　政治力とは、数の力を抜きには成り立たない。数の論理である。団塊の世代が自発的に団結・連帯し、一人ひとりが投票権を行使するだけでも政治を変え、社会的に大きな影響力を持つことができるのだ。その世代の大量の票を政治家たちが狙うのを逆手に取り、みんなが自らの一票を投ずるだけで政治や社会に強烈なインパクトと揺さぶりを与えることになる。それには、あの若き日の反権力・反体制の旗印のもとに血を流して闘った日々を、荒ぶる魂の叫びを思い起こして、シラけることなく政治への参加や政治意識を蘇らせることであろう。団塊の世代が政治的にも経済的にもパワーとしての威力を発揮できるかどうかは、「絶対多数」という数の多さを再認識することが大前提になる。

欧米の老人パワー

　膨れ上がる「数」を背景に、その潜在的な力を発揮して社会を大きく変革し発展させた老人パワーの例は、欧米の高齢化先進国でよく見られる。

　その中で最も知られているのが、全国的な年齢差別撤廃運動を展開し、世界に先駆けて定年制度を撤廃させてしまったアメリカの民間非営利（NPO）高齢者組織である。となると、3,400万人もの会員数を誇る世界最大の高齢者組織であるAARPのことを思い浮かべるであろう。しかし、アメリカにはAARPと共闘して活躍した高齢者組織がいくつもある。80年代初め、老人パワー勃興の中でマスコミの注目を集めた過激派団体「グレイ・パンサー」もその一つである。

　グレイ・パンサーは1970年、当時教会に勤めていたマギー・キューン女

史によって創設された。年をとったという理由で40年あまりも働いた職場を強制的に退職させられた彼女は、定年制を年齢を理由にした差別（エイジズム）であり、社会的偏見であると考えた。「まだ元気で、働く意志と能力を持っているのに、65歳になったというだけでクビになるなんて、どう考えても不公平。機械的に全員辞めさせるのではなく選択制にして、老人に選ぶ権利を与えるべきだ」。

　同じような不満を持つ5人の女性仲間と立ち上がったのが、全国規模の年齢差別撤廃運動を起こすきっかけであった。掲げる旗印は「グレイ（灰色＝老人）・イズ・ビューティフル」。つまり顔のしわ、白髪の一本一本に誇りを持とう、老人は美しいのだという主張である。草の根運動的に組織を広げて他の高齢者組織と同一歩調を取って政府に圧力をかけ、79年にそれまで65歳であった強制退職年齢を70歳まで延長する「70歳定年法」を発効させた。86年の法改正では「年齢を理由とした強制退職、採用制限など雇用上の不利益な扱いをしてはならない」（雇用における年齢差別禁止法）と、定年制度そのものを完全廃止させてしまったのである。

　そうしたアメリカの高齢者組織が提起した「年齢差別」という概念は、「人種」を理由にした差別や「女性」であることを理由にした性差別につながる社会変革運動である。いかにも多民族国家のアメリカならではの発想だが、その基本原理をわれわれも学ぶべきである。2001年4月からは厚生年金の支給開始年齢が現在の60歳から65歳へ段階的に引き上げられ、65歳定年制に向けての議論が活発になっている。しかし、65歳まで定年・雇用延長したとしても、それはあくまで対処療法に過ぎない。年齢制限を禁止するルールを確立しなければ、根本的な解決にはならないからだ。その際には、「早い定年制は、働く意欲と能力を持つ高齢者を差別するものである」という人間尊重の理念、人権の問題としてとらえることが重要である。そうなれば、長年培ってきた知識、経験、能力や円熟味といった"老いる価値"を正しく評価し、それを生かすような世代を超えた社会・共同体づくりが可能になるからである。要は、個人がいつ働き、いつ辞め

るかは自分で決めるものである。定年制度廃止の意義も，そこにある。

　さて，アメリカの高齢者組織が「票」を背景に高齢者の声を代弁し，権利獲得を目指して高齢者政策を自ら立案したり，ロビー活動を行って政策実現を働き掛けるのが主な活動に比べ，欧州の高齢者組織の手法は明らかに違う。アメリカが政治団体ではなく，いわば政策志向的な組織であるのに対し，政党を結成して直接政治に参加する方法が主流である。

　その典型例が，オランダにある。サラリーマンOBなど年金生活者が中心になって"老人パワー党"ともいえる「高齢者総連合」（AOV）を旗揚げ，初陣の94年の総選挙（下院）で鮮烈なデビューを果たした。全国区比例代表制の選挙結果で5％の票を得て，一挙に6人の国会議員を誕生させてしまった。高齢者が結成した政党が国会に議席を獲得したのは，世界初の快挙である。オランダ政府が老齢年金額カットを含めた社会保障費の削減と増税を打ち出したことに異を唱え，「年金生活者へのしわ寄せは許さぬ！」と危機感を募らせた年金生活者が立ち上がったのである。しかし，残念ながらAOVは次の総選挙で惨敗，6議席をすべて失ってしまった。「敗因？　素人集団の悲しさだね。高齢者層の権利擁護ばかりで，政治綱領もろくにできてないのに大躍進して有頂天になってしまった。政治力のなさを露呈した」と，幹部は私に反省の弁を語ってくれた。

　とはいえ，全有権者の25％を占める高齢者票を頼りに国政参加への道を開いたAOVが欧州の周辺諸国に与えた影響は計り知れない。チェコやベルギー，フランスなどに"老人党"が次々と誕生，それぞれ国会での議席獲得にもう一歩の健闘ぶりだという。ちなみに，高齢・福祉先進国の北欧諸国にも「年金生活者党」があり，「福祉は力で勝ち取るもの」と，既成の政党に伍して国政参加に意欲を燃やしている。

団塊の世代の新しい取り組み

　欧米の高齢者事情が長くなってしまったが，日本のベビーブーマーであ

る「団塊の世代」は社会の中核として，パワーを発揮できるのか。欧米諸国の意欲あふれる，元気な高齢者組織が築いてきた実績，日常活動や基本理念など示唆に富む展開を学び工夫を重ねることによって，十分に可能性があると思われる。その観点で，私は団塊の世代が試みている2つの事例に注目している。

　1つは，早大OBたちが8年前に地元の東京・早稲田に旗揚げした「ワセダ・カルチェラタン」である。大学当局や学生，商店街にも協力を呼び掛け，地域の中・高齢パワーの拠点を目指して積極的な活動を繰り広げている。現在の参加者は約200人。同様の活動をしている全国の団体，グループにネットワークの輪を広げながら，数を背景に「政治や行政に『何やってるんだ』ともの申したい」と，団塊の世代の結集を訴える代表の桜井一郎さん。数が多い強みを生かして，血縁や地縁を超え，志を同じくする志縁や友縁を中心にした市民活動やボランティア活動などの地域・共同体づくりが期待される。その柱は，老後に夢を抱ける社会であり，気持ちよく自分であることを肯定できる共同体づくりともいえよう。

　もう1つの注目は，サラリーマンと町会議員の二足のわらじを履く野田泰博さんの生き方だ。54歳，典型的な団塊の世代である。しかも，東京に住む多くの団塊の世代と同様に，結婚して子供を育てるため約20年前に千葉県のはずれの町に引っ越した転居組。「買った当時の年収は500万。その5倍以内で新築，一戸建てという物件は，通勤時間が片道2時間圏にしかなかった」と述懐する。

　野田さんはマイホーム探しの最中，手ごろな物件の電話番号がすべて04から始まることに気が付いた。神奈川，千葉や埼玉など東京を取り囲むドーナツ地帯に家を持つ，大量の中年世代を「ゼロヨン族」と命名した。当時「家畜ならぬ社畜そのものだった」会社人間の野田さんの人生観が一変したのは，地域の自治会活動を通して同世代の仲間との交友にのめり込んだからだという。そんな折，町が100億円も投入する総合文化センターの建設計画を打ち出した。町の予算規模が60億円のころだ。「なぜ今必要なのか。

町に老人ホームもないのに……」。92年の町議選挙に無所属で立候補，見事に当選した。もちろん，自然発生的に応援を買って出てくれたのは団塊の世代である。野田さんは当選を重ね，今でも年間20日の有給休暇と欠勤をやりくりしながら，町議とサラリーマンを続けている。「会社漬けに見切りをつけて地域に目を向け，地域を変革する起爆剤になろう」。ゼロヨン族に熱いエールを送り続けた結果，最近になって老後を真剣に考え始めた団塊の世代を核にした連帯の輪が，首都圏のJRや私鉄沿線ごとに着実に根付いてきたという。

　「絶対多数の今こそ，団塊の世代のサラリーマンが自分の住む町の政治に踏み込まなきゃ駄目。どんなに小さな社会変革でも，われわれのラジカルな選択にかかっている」と野田さんが言うように，現状を打破する起爆剤は団塊の世代のやる気にかかっているといえるだろう。

5．「参決」モデルの可能性
—— 行政と住民の新しいパートナーシップ ——

地域福祉をはじめ，自治体の計画づくりに見られる形式的な住民参加

　ある大きな JR 駅に設置してあるエレベータに乗った車いす使用者の手がボタンに届かず，そのまま 14 時間も閉じ込められたという事件が国会で取り上げられた。2000 年 5 月 25 日の国民福祉委員会（参議院）に，参考人として出席した阿部志郎氏（社会福祉法人横須賀基督教社会館館長）の発言によれば，問題のエレベータは最新式の設備であった[1]。

　阿部氏は「人と人のかかわりが福祉の命……地域というのは住民の集合体ですから，住民が自分で（地域福祉を）つくり上げていかなければなりません」と発言し，エレベータ缶詰事件のような問題を避けるために「住民参加」の導入が必要であると訴えた。

　むろん，住民参加とは日本にとってけっして新しい発想ではない。住民・市民参加という名の手法は 60, 70 年代から日本各地の地域福祉施策に現れているし，国会でも，2000 年の 1 年間で「市民参加」または「住民参加」という，いずれかの言葉が 70 回以上使われている。しかし，このエレベータの事件が示すように，日本の地域福祉における住民参加には，質の問題がある。言いかえれば，住民参加の理念と，実際に行われている地域福祉における住民参加の内容とは，かなりのギャップがある。

　地方自治レベルでの「住民参加」は本来，「政策の決定過程への住民参加」を意味する[2]。つまり，真の住民参加とは，その過程の中で，住民が「調整」，「決定」，「実施」や「評価」といった政策づくりのそれぞれの段階に

関わることである。この定義を基準とすれば，全国各地を見ても「住民参加」と呼ばれるべき例はほとんど見当たらない。むしろ，問題例が目立つ。たとえば，滋賀県野洲郡野洲町の政策決定やまちづくりを研究した研究者が，その町の住民参加の形態を「形式的な『お知らせ』や『あやつり的』『アリバイ的』」と言っている[3]。自治体による自己批判からも，問題は確認できる。研究者が野洲町について書いた文書ほど率直なものではないが，栃木県の地域づくり団体のリポートをみると，自治体に対する評価はそれなりに厳しいものがある[4]。

　このような形式的な住民参加はなぜ起こるのか。第1の原因は行政と住民の力関係にある。つまり，日本の多くの住民参加では，住民が決定過程へ参加する力と権利を与えられておらず，よって行政の施行する計画をひたすら評価するのみである。三重県生活部生活課NPO室職員である粉川一郎氏はこれを「みなさん来て下さい，聞いて下さい，意見を言って下さい」方式と呼び，一般的に行われているものとして認識している[5]。国会においても，形式的な住民参加が辛辣な批判を受けている[6]。

形式的な住民参加の高齢者福祉へのインパクト

　自治体，国会や研究者からの指摘からわかるように，明らかに，日本で見られる多くの住民参加は，その定義からたいへん外れている。これでは，自治体は，ボランティアの協力による低コストのイノベーションや住民の団結，共同体意識そしてそれに伴う責任感など，実質的な住民参加がもたらすさまざまなメリットを十分に得られない。高齢者福祉計画の場合，実質的な住民参加が実現されなかったら，デメリットが特に大きいといえる。

不適切な計画が大惨事にもなる
　まず，それぞれの分野の中でも，高齢者福祉をはじめとする地域福祉計画の欠陥が住民に直接的に害を及ぼす可能性が大きい。JR駅でのエレ

ベータ缶詰事件がそのいい例ではあるが，問題が起こりうるのは公共・準公共の場だけではない。これらの計画は住民の住宅までかかわりを持っているからである。特に虚弱高齢者が計画の対象になっている場合，不適切な計画による被害は格段に大きい。とりわけ，公的介護保険を含む介護サービスの整備計画や高齢者を支えるまちづくりのための計画など，在宅介護が関係してくる計画は特に実質的な住民参加のもとで作られる必要がある。

生かされない人的資源

そして，もう1つの大きなデメリットがある。もし，高齢者福祉の計画に真の住民参加が盛り込まれていなければ，巨大な人的資源である高齢者やNPOが参加せず，したがって彼らの力が十分生かされない。その状況では，高齢者の健康や幸福に悪い影響が懸念される。むろん，高齢者やNPOが負担しない分の仕事が行政にかかってくるので，実質的なサービス低下につながりかねない。

ニューエイジング時代にふさわしい住民参加へ

高齢者福祉における住民参加の改善は，改善する必要があるという自覚からはじまる。しかし，自治体が積極的に住民参加の改善に挑もうと思っても，実質的な住民参加を実現するのは容易なことではない。住民参加を評価するための道具がないのがその主な理由である[7]。そこで，高齢者福祉における住民参加がより実質的なものになるためには，次のプランを提案する。
1）「参決」という筆者の造語の導入[8]。
2）「参加，参画，参決」という3段階で構成される住民参加の階梯を作り，自治体や一般社会に定着させること。

ここでいう「参加」とは，三重県生活部生活課NPO室の粉川一郎氏がいう「みなさん来て下さい，聞いて下さい，意見を言って下さい」方式，つ

まり住民の行政が行う公聴会などへの比較的受け身な参加のことを指す。また、「参画」とは、「男女参画」における意味合い、つまり「企画への参加」のことを指す。参加よりは関わりの深いものを指す。そして「参決」とは，文字の通り，住民が自治体の意思決定過程に参加することを意味する。

この3段階での住民参加モデルの普及によって，何が得られるのか。

1）「参決」という高いレベルにおける住民参加を意味する概念を定着させること。

住民参加という言葉を作っただけでは，「決定過程への参加」というその本来の意味の参加が実現しにくい，またはできないという事実がはっきりしてきた。その証拠に，全国各地の形式的な住民参加の事例がある。住民は行政と一緒に主体となり，計画を決定するというニュアンスが含まれるこの言葉を作り，それを使用することによって，その概念自体が一般社会においてようやく定着するだろう。「決定過程への参加」という表現しにくい概念が表現しやすくなったことで，その分，それが実施しやすくなる。

2）「参決」、「参画」、「参加」という3つの言葉を用いることで，住民参加を評価することが可能かつ簡単になる。

「住民参加」という1つの言葉しか使われていない従来のありかたと対照的で，3つの言葉が用いられるようになれば，住民や自治体，研究者などがそれぞれの自治体で導入される住民参加を評価することができるようになる。それによって，自治体があまりにも形式的な住民参加を施行することができなくなり，住民参加における総合的な質があがる。

この3つの段階をつくることによって，行政と住民が必要に応じ，住民に被害をもたらす不適切な高齢者計画が避けられ，高齢者やNPOの構成員を人的資源として使えるようになる。そして，福祉の命である人と人の関わりを大切にし，行政と住民がニューエイジング時代にふさわしい高齢

者福祉計画を作り上げていけるだろう。

1）DPIインターナショナルの日本事務局によれば，これはJR熊谷駅（埼玉県）で起こった事件である。
2）「新辞林」（1999年，三省堂）では，住民参加が「行政，特に地方行政での意思決定過程に住民が参加すること」と定義されている。また，「住民参加をめぐる問題事例」（佐藤竺，学陽書房，1979）を参照。
3）立命館大学の政策科学部ゼミに参加した西山順子氏の同ゼミの2000年度発表会での発表要旨より。http://www.ps.ritsumei.ac.jp/expo/summary/ps034989.html
4）「各市町村の計画策定に当たっては，住民参加型のまちづくり委員会を組織してもらったが，形式的な組織にならないよう，いろいろと苦労があったようだ。」
　　栃木県地域づくりネットワーク・「住民主役のまちづくり」に徹する地域づくり団体栃木県協議会，大平明生氏（栃木県総務部地方課振興係主事，1997年）http://www.chiiki-dukuri-hyakka.or.jp/book/monthly/9706/html/etochigi.htm
5）「一般的に，行政の側から計画を作成して，公聴会などで報告し，『みなさん来て下さい，聞いて下さい，意見を言って下さい』という形が多い」。
　　2000年2月21日に行われた「福祉分野で活動する非営利組織の評価を考える・第2回委員会議事録（笹川平和財団主催）」より。http://www.spf.org/spf_j/news-room/room/f2a.html
6）1998年4月17日の国土・環境委員会（参議院）で，民主党のNPO委員長である岡崎トミ子氏は地域レベルでの計画を次のように語った。「高齢者福祉，障害者福祉（をはじめそれぞれの計画は）住民参加を基本にしておりながら，策定委員のメンバーには自治会（など），同じような団体が名前を連ねている，大変形式的に終わっているのが実態だ」と分析している。さらに，「住民の意見を聞くという名目でアンケートやヒアリングで終わって計画はコンサルタントに任せるといったケースが非常に多い」。
7）「市民参加の階梯」（S.R.アーンスタイン，1969）の論文という形で，次の8段階の評価方法が日本にも紹介された。
　　自主管理（住民による）
　　権限委譲（住民への）
　　パートナーシップ（住民と政治・行政との）
　　宥和（住民への）
　　相談（住民への）
　　情報提供（住民への）
　　治療（住民を）
　　操作（住民を）
この尺度では，一番低いレベルの住民参加では，住民が行政に完全に操縦されており，一番高いレベルの住民参加では，文字通り住民による自主的な管理が行われる。しかし，この尺度は複雑すぎたせいか，日本では普及してこなかった。

8)「参決」とは筆者による造語である。はじめて提案したのは,(「国際化のキーポイントは『参決』」, 月刊福祉(全社協, 81(1)1998. 1, pp.66-79)にて。http://www.issho.org/laszlo.html

〈資料1〉　東京シンポジウムのプログラム
21世紀の高齢社会をひらく：
ニューエイジングの時代の挑戦と課題

主催：国際交流基金日米センター
後援：日本NPOセンター，NPOサポートセンター，NPO事業サポートセンター，市民互助団体全国連絡協議会，東京ボランティア・市民活動センター〈順不同〉
日時：2001年3月19日㈪13：30～16：30
会場：国際交流基金国際会議場

はじめに
和久本芳彦（国際交流基金日米センター所長）
導入（13：30～13：40）
安立清史（九州大学助教授）
基調講演（13：40～14：00）
「アメリカにおけるニュー・エイジング・パラダイムの台頭」
ジェームズ・ラベン（UCLA教授）
パネル・ディスカッションⅠ（14：00～14：50）
●「非営利セクターと高齢者」
　ベンジャミン・ギドロン（UCLA客員教授）
●「ベビーブーマー世代のニューエイジングと日本の動向，NPO」
　皆川靱一（共同通信論説委員）
●「米国における新しい取り組み～官と民のパートナーシップを中心に～」
　ケビン・マホーニー（ボストンカレッジ准教授）
（休憩　10分）
パネル・ディスカッションⅡ（15：00～16：15）
パネリスト全員
総合コメント（16：15～16：30）
「21世紀のニューエイジングと日米の取り組み」
前田大作（ルーテル学院大学教授）

〈資料2〉　福岡シンポジウムのプログラム

日米国際シンポジウム in 福岡：
新しい高齢化時代〜アメリカでの取り組み〜

主催：国際交流基金日米センター，福岡市
後援：九州大学大学院人間環境学研究院，日本NPOセンター，福岡アメリカンセンター，福岡国際交流協会，福岡市社会福祉協議会〈順不同〉
日時：2001年3月21日㈬13：30〜16：30
会場：福岡市役所15階講堂

導入（13：30〜13：40）
安立清史（九州大学助教授）
基調講演（13：40〜14：00）
「アメリカにおける高齢者向け公共政策及びプログラム：挑戦と課題」
ジャネット・タカムラ（前連邦政府高齢者福祉局局長）
パネル・ディスカッションⅠ（14：00〜14：50）
●「米国における高齢者虐待」
　エイリー・ムーン（UCLA准教授）
●「高齢者ケアと権利擁護（アドボカシー）──日本の現状と課題──」
　河野正輝（九州大学教授）
●「ニューエイジングにおける課題と挑戦」
　スティーブン・ウォーレス（UCLA教授）
（休憩　10分）
パネル・ディスカッションⅡ（15：00〜16：15）
パネリスト全員
総合コメント（16：15〜16：30）
「日本の新高齢化：団塊世代の高齢化による社会変化」
小川全夫（九州大学教授）

お わ り に

　本書は，21世紀の高齢社会「ニューエイジング」へ向けての研究や実践の最前線をめぐって行われた日米国際シンポジウムの成果をふまえてまとめられたものである。シンポジウムは，多くの市民の方々の熱心な参加をえて，たいへん充実したものとなった。団塊の世代の高齢化がすぐそこまでやってきていることと，それに前向きに対応する積極的な試みを紹介したことが，高い関心を呼んだのではないかと思われる。

　編者のわれわれとUCLA（カリフォルニア大学ロサンゼルス校）との研究交流は7年前にさかのぼる。そこでわれわれは「ニューエイジング」という言葉に初めて出会った。ごく一部の人だけが高齢者であった時代（ヤングエイジングの時代：高齢化の初期段階）から，多くの人が高齢者になる時代（モダンエイジング：1990年代までの高齢化社会）をへて，高齢者こそが社会の多数となるような時代（ニューエイジング：これからの高齢社会）への大転換が起こっているのだという認識は，すでにアメリカの研究者の間には行き渡っていた。さらに「ニューエイジング」は，けっして否定的なものではなく，むしろ，これをきっかけとして，社会がもっと高齢者を含めた人間全体にやさしい社会へと転換していく積極的かつ肯定的な可能性があるという認識も広がっていた。これらはわれわれには新鮮な発見であった。このニューエイジングという概念は，とても前向きの様々な新しい試行や政策的実験を含む大きなチャレンジ精神を代表しているのだということを強調しておきたい。

　アメリカにおける高齢化の社会的な対応においても目を見張るものがあった。たとえば，アメリカの大学では「ジェロントロジー」が盛んである。「ジェロントロジー gerontology」は直訳すると「老年学」だが，むしろ「高齢化の学」「高齢社会の総合学」といったほうが近いと思われる。分子生物学レベルでの老化の研究から，老年医学 geriatrics，高齢者の心理学や，高齢期の人間関係・社会関係の社会学まで含めた総合的で学際的な学問で，高齢者のニーズの把握やケアの問題から，高齢化への政策的・社会的対応までを研究している。こういう新しい学

問領域が目覚ましい勢いで急成長している背景には，高齢者の量的な増大があることはもちろんだが，それだけではない。アメリカ社会全体の「利用者本位志向 customer oriented」の流れが，高齢者の医療・福祉サービス領域にまで徹底しているということなのだ。この流れは，地域に目を向ければ，様々な民間非営利組織（NPO）がボランティアや行政と協働しながら高齢者への様々なサービスを提供するという形で現れている。しかも日本とは違って，それぞれが独自の工夫をこらしたサービスを提供しているし，運営は自主・自立的なものだ。こうした NPO の中でも最大のものが，本書でも何度も言及されている AARP で，会員数 3,400 万人という世界最大の NPO 組織である。AARP は，エイジズム（高齢者への偏見や差別）と戦い，高齢者の QOL（生活の質）の向上をミッション（使命）として設立された NPO であるが，同時に高齢者へのグループ医療保険などの事業も行っている。AARP は，高齢者の組織する当事者団体であるとともに，ジェロントロジーの研究機関や研究者とも連携して，学問的な研究と社会的な実践とを有機的に結びつける働きもしている。AARP に限らず，こうした理論や研究と実践との連携が，様々な社会実験を踏まえて行われている。「ニューエイジング」は新しい社会実験をたくさん生み出し，社会を変えはじめているのである。

　日本社会が，様々な困難な問題，とくに歯止めのかからない少子・高齢化の急激な展開に直面している現在こそ，こうしたアメリカの力強い実験と成果に学ぶことが出来るのではないかと思う。

　最後になるが，UCLA のジェームズ・ラベン教授はじめ，今回のシンポジウムに参加されたアメリカ側研究者の方々には，深く感謝したい。参加者全員が日米比較や国際比較に高い研究関心を持ち，充実した報告論文とともにシンポジウムに参加された。そして，ワークショップやシンポジウムを通じて，日本への多くの示唆をいただいた。「ニューエイジング」をめぐる知的対話や研究交流へ向けての大きな第一歩となったのである。国際交流基金日米センターのシンポジウム開催の目的は，高齢化をめぐる日米の知的交流にもあったが，その目的は十分に達成されたものと信じる。

編　者

	ニューエイジング
	──日米の挑戦と課題──

2001年8月10日　初版発行

編　者	安　立　清　史
	小　川　全　夫
発行者	福　留　久　大
発行所	（財）九州大学出版会

〒812-0053　福岡市東区箱崎7-1-146
　　　　　　　九州大学構内
　　　　電話　092-641-0515（直通）
　　　　振替　01710-6-3677
　　　　印刷・製本／九州電算㈱

Ⓒ 2001 Printed in Japan　　　ISBN4-87378-691-6

お年寄り──比較文化からみた日本の老人──

E. パルモア，前田大作 著／片多　順 訳　　四六判・240頁・**2,000円**

人はだれでも長生きすれば老人になるが，文化が異なれば同じようには年をとらない。本書は日米を代表する老年学者によって書かれた高齢者に関する比較文化の書であり，まさに「ジャパン・アズ・ナンバーワン」の"老人版"ともいうべき啓蒙の書である。

〈アジア太平洋センター研究叢書 8〉

高齢者福祉の比較文化──マレーシア・中国・オーストラリア・日本──

片多　順 編著　　　　　　　　　　　　　A 5 判・220頁・**2,800円**

世界中どこの国でも高齢者福祉は社会が取り組むべき中心課題となりつつある。このような現状をふまえ，中国，マレーシア，オーストラリア，日本の4ヵ国で，各国の研究者が高齢者が抱える様々な問題点を探り，比較研究した成果。

高齢者生活文化の創造──人生100年を生きる──

九州家政学総合研究会 編　　　　　　　　A 5 判・236頁・**3,500円**

超高齢社会に生きるこれからの高齢者が，それぞれに生きて在る社会的責任を果たしながら，いかに積極的に生き抜くか。この変動期における生活文化創造の視点から，九州地区における実態調査に基づいた種々の提言を行なう。

高齢期最後の生活課題と葬送の生前契約

北川慶子 著　　　　　　　　　　　　　　B 5 判・316頁・**7,000円**

「太陽と死はじっと見つめることができない」（ラ・ロシュフーコー）というように，自分の死を直視するのは難しい。わが国は，世界一の平均寿命を誇り，死は日常生活から遠ざけられてしまっている。しかし死は必然であり，タブーを越えて死を直視し，自分の葬送に備え，葬送の自立を図ることが望ましい。「死の軽視は生の軽視につながる」（P. アリエス）の言葉を思い出さねばならない時期にさしかかっている。

〈表示価格は税別〉　　　　　　**九州大学出版会**